westermann

AF178972

Vahide Akbay, Gundula Hellborg

So einfach funktioniert Deutschland

Teil 3: Ausbildung und Beruf
Arbeitsheft

1. Auflage

Bestellnummer 99825

service@westermann.de
www.westermann.de

Bildungsverlag EINS GmbH
Ettore-Bugatti-Straße 6-14, 51149 Köln

ISBN 978-3-427-**99825**-9

westermann GRUPPE

© Copyright 2019: Bildungsverlag EINS GmbH, Köln

Vorwort

Zielgruppe

Das Arbeitsheft „So einfach funktioniert Deutschland, Teil 3: Ausbildung und Beruf" ist gedacht für Probanden, die Deutschland in einem ersten Überblick kennenlernen sollen. Der Text ist einfach formuliert; die dazugehörenden Aufgaben dienen dazu, den Inhalt zu vertiefen. Dieses Heft soll Schülerinnen und Schülern der unterschiedlichen Vorbereitungs- und Förderklassen, sowie Flüchtlingen und Asylbewerbern helfen, sich in Deutschland besser zurechtzufinden. Sie können sich durch die verschiedenen Themen eine Grundlage verschaffen.

Inhalt und Themen

Teil 3 von „So einfach funktioniert Deutschland" beschäftigt sich mit Fragen rund um Ausbildung und Beruf. Das Heft führt in das Berufsbildungssystem in Deutschland ein. Es stellt verschiedene Möglichkeiten vor, in den Beruf einzusteigen. Aus- und Fortbildungswege, Praktika, Bundesfreiwilligendienste: All diese Wege in die Arbeitswelt werden beleuchtet. Es geht um die Gestaltung von Arbeitsverträgen, um den Arbeits-Knigge und um Frauen im Beruf. Zahlreiche Tipps rund um Stellensuche, Bewerbung, Umgang mit Behörden und Möglichkeiten zur Unterstützung runden das Heft ab.

Der Text ist so gegliedert, dass wichtige Informationen auf der linken Seite des Heftes stehen und die entsprechenden Aufgaben auf der rechten Seite. Die Tabelle am Ende der jeweils linken Seite dient dem besseren Verständnis der einzelnen Wörter. Diese Wörter sind zum schnelleren Auffinden im Text **fett** ausgeführt.

Sprache

Der Text ist in einfacher, verständlicher Sprache verfasst und ist als Basiswissen zu verstehen.

Die Tabelle am Ende jeder linken Seite besteht aus den zu erklärenden Wörtern, der Definition und der Übersetzung ins Englische und Arabische.

Teil 1

Der erste Teil der Reihe „So einfach funktioniert Deutschland" („Politik, Gesellschaft und Wertvorstellungen") zeigt die geografische Lage Deutschlands und seine umgebenden Länder. Um das Land näher kennenzulernen, werden die einzelnen Bundesländer und Landschaften aufgezeigt.

Auch politisch wird Deutschland dargestellt, z. B. durch die staatliche Ordnung, wie die Politik gestaltet ist und wie politische Probleme gelöst werden.

Ein wichtiger Bestandteil stellt auch das gesellschaftliche Leben sowie die Außen- und Innenpolitik dar.

Teil 2

Teil 2 steht unter dem Rahmenthema „Leben und Alltag".

Es werden die Themen Lebens- und Wohnsituation, Gesellschaft, Kultur, Freizeitaktivitäten, Bildungswege, Verkehrs- und Infrastruktur, Gesundheitsfragen, Rechte und Pflichten sowie das Deutsche Grundgesetz behandelt.

Inhaltsverzeichnis

V Im Betrieb

VI Kommunikation

Bildquellenverzeichnis

1 System der Berufsbildung

Einen Ausbildungsberuf wählen

Schulabschlüsse in Deutschland

Hauptschulabschluss		Mittlerer Schulabschluss/Fachoberschulreife	
⇨ Ausbildung möglich		⇨ Ausbildung möglich	
Fachhochschulreife	**Abitur**	**kein Abschluss**	
⇨ Ausbildung möglich ⇨ Studium (an der Fachhochschule) möglich	⇨ Ausbildung möglich ⇨ Studium (an der Fachhochschule und an der Universität) möglich	Ohne Schulabschluss ist es sehr schwer, eine Ausbildung zu finden. Einen Schulabschluss kann man aber zu jeder Zeit nachholen.	

Die Wahl der Ausbildung

Die richtige Ausbildung zu finden ist nicht einfach. Es gibt sehr viele Berufe in Deutschland, in denen man eine Ausbildung machen kann. Es gibt Ausbildungen an einer Schule („schulische Ausbildungen") und Ausbildungen in einem **Betrieb** („betriebliche Ausbildungen").

Wenn man eine passende Ausbildung sucht, muss man sich also viele Fragen stellen:

⇨ Was kann ich gut? ⇨ Was kann ich nicht gut? ⇨ Was macht mir Spaß? ⇨ Reicht mein Schulabschluss aus?

Für manche Ausbildungen reicht der Hauptschulabschluss, für andere braucht man das Abitur. In Deutschland kann zu jeder Zeit ein Schulabschluss nachgeholt werden, zum Beispiel an einer Abendschule. Das wird „zweiter Bildungsweg" genannt.

Wo finde ich Hilfe bei der Wahl?

Es gibt viele Möglichkeiten, Hilfe bei der Wahl der richtigen Ausbildung zu finden. Zum Beispiel gibt es viele Informationen online. Zudem gibt es die Möglichkeit, bei der Agentur für Arbeit einen Termin für eine **Beratung** zu machen.

„Beruf aktuell": www.arbeitsagentur.de/web/content/beruf-aktuell

„Berufenet": www.berufenet.arbeitsagentur.de

„Bundesinstitut für Berufsbildung": www.bibb.de

Im „Berufsinformationszentrum (BIZ)" kann man sich nach der Schule über Berufe informieren. Es ähnelt einer großen Bücherei zum Thema Ausbildungen. Ein BIZ gibt es in jeder größeren Stadt in Deutschland. Der Besuch ist kostenlos. Auch die **Migrationsberatung** hilft bei der Ausbildungswahl und Berufswahl.

der Betrieb	eine Firma, ein Unternehmen	company	الشركة
die Beratung	Gespräch, bei dem man Hilfe /Informationen bekommt	consulting	الاستشارة
die Migrationsberatung	Beratung für Migranten (Menschen, die neu in Deutschland sind)	immigration counselling	الاستشارة بشأن الهجرة

1 System der Berufsbildung

Einen Ausbildungsberuf wählen

1. Was ist mit welchem Abschluss möglich? Fügen Sie ein.

Hauptschulabschluss	
Abitur	
kein Abschluss	
Fachhochschulreife	
Mittlerer Abschluss	

2. Richtig oder falsch? Kreuzen Sie an.

R   F

◯ ◯   Wenn man einen Schulabschluss nachholt, wird das „zweiter Bildungsweg" genannt.

◯ ◯   Mit der Fachoberschulreife kann man an allen Universitäten in Deutschland studieren.

◯ ◯   Einen Schulabschluss kann man jederzeit nachholen.

◯ ◯   Ein Beratungsgespräch im Berufsinformationszentrum kostet viel Geld.

3. Stellen Sie sich selbst die vier Fragen der Ausbildungswahl:

Was kann ich gut?

_____

_____

Was kann ich nicht gut?

_____

_____

Was macht mir Spaß?

_____

_____

Wofür reicht mein Schulabschluss aus?

_____

_____

1 System der Berufsbildung

Nach der Schule kommt noch einmal Schule

In Deutschland gibt es die „duale Ausbildung". Das bedeutet, dass man in einer Ausbildung zur Schule und in den Betrieb geht. In der Schule lernt man die **Theorie** und im Betrieb die **Praxis.** Die Auszubildenden können das, was sie in der Schule lernen, direkt im Betrieb anwenden.

Es ist egal, in welchem Bundesland man seine Ausbildung macht. Die Theorie und die Praxis sind in allen Bundesländern gleich. Dafür haben das Bundesministerium für Wirtschaft und das Bundesministerium für Bildung eine „Ausbildungsordnung" erlassen. Also Regeln für jede Ausbildung in Deutschland.

Welche Ausbildungen gibt es?

In fast allen Bereichen kann man eine Ausbildung machen: Bau und Architektur, Elektronik, IT und Computer, Technik, Naturwissenschaften, Landwirtschaft und Umwelt, Sprache und Kultur, Gesundheit, Kunst, Medien, Soziales, Wirtschaft oder Dienstleistungen. Die Auswahl ist sehr groß.

Wo finde ich die Ausbildungen?

Die meisten Ausbildungen beginnen im August jedes Jahr. Aber manchmal suchen Firmen auch zu anderen Zeiten Auszubildende. Das bedeutet, man muss sich rechtzeitig bewerben, oft schon ein Jahr oder viele Monate vorher. Für eine betriebliche Ausbildung bewirbt man sich direkt bei dem Unternehmen. Für eine schulische Ausbildung bewirbt man sich bei der Schule. Viele Schulen, Firmen und Unternehmen möchten heute, dass man sich online bewirbt. Häufig wird auch eine Bewerbung per Post verlangt.

Manche Firmen schreiben **Anzeigen**, wenn sie Auszubildende suchen, zum Beispiel in der Zeitung oder auf ihrer Homepage. Das nennt man **Ausschreibung.** Man kann sich aber auch ohne eine Ausschreibung bewerben. Das nennt man „Initiativbewerbung" oder „Blindbewerbung".

In **beliebten** Ausbildungen gibt es mehr Bewerber als Plätze. Manchmal muss man für die Ausbildung auch bereit für einen Umzug und sehr flexibel sein.

die Theorie	Wissen darüber, wie etwas funktioniert/abläuft	theory	النظرية
die Praxis	hier: theoretisches Wissen umsetzen	practice	التطبيق
die Anzeige/ Ausschreibung	eine Werbung für eine Stelle in der Zeitung oder auf einer Homepage	advertisement	الإعلان / الإعلان عن وظيفة
beliebt sein	Wenn sehr viele Menschen das Gleiche mögen, ist diese Sache beliebt.	to be popular	يكون محبوباً

1 System der Berufsbildung

Nach der Schule kommt noch einmal Schule

1. Setzen Sie die fehlenden Wörter in die Lücken ein:

Theorie, dual, duale Ausbildung, Ausbildungen, Bundesland, betrieblichen

Die _____ ist ein Modell, das es nur in Deutschland gibt. Es heißt _____,

weil die Ausbildung aus zwei Teilen besteht: dem schulischen und dem _____

Teil. Das hat zum Ziel, dass in der Ausbildung gleichzeitig Praxis und _____ erlernt

werden. Für die vielen _____ in Deutschland gibt es eine Ordnung, die dafür

sorgt, dass die Inhalte in jedem _____ gleich sind. Das ist wichtig,

damit die Menschen keine Probleme bekommen, wenn sie später in einer anderen Stadt leben

möchten.

2. Richtig oder falsch? Kreuzen Sie an.

R   F

◯ ◯   Ausbildungsbeginn ist jedes Jahr im Mai.

◯ ◯   Man muss sich für jede Ausbildung direkt bei der Schule bewerben.

◯ ◯   Man muss sich rechtzeitig bewerben.

◯ ◯   Wenn ein Unternehmen keine Ausschreibung ausgestellt hat, kann man sich nicht bewerben.

◯ ◯   Oft wird von den Bewerbern Flexibilität gefordert.

◯ ◯   Jedes Bundesland hat seine eigene Ausbildungsordnung.

◯ ◯   In beliebten Ausbildungen gibt es mehr Bewerber als Plätze.

3. In welchem Bereich könnten Sie sich vorstellen, eine Ausbildung zu machen? Welche Bereiche sind nichts für Sie? Schreiben Sie auf.

_____

_____

_____

_____

_____

_____

1 System der Berufsbildung

Duale Ausbildung

Wie läuft die Ausbildung ab?

Die Schule und der Betrieb werden abwechselnd besucht. Meistens arbeitet man drei Tage im Betrieb und besucht an zwei Tagen die Schule. In manchen Ausbildungen gibt es auch „Blockunterricht". Das bedeutet: Die Auszubildenden gehen für ein paar Wochen nur in die Schule und dann ein paar Wochen nur in den Betrieb. Die meisten Ausbildungen dauern drei Jahre. Manche auch nur zwei. In der Ausbildung bekommt man auch einen Ausbildungsvertrag. Der Ausbildungsvertrag wird mit dem Betrieb geschlossen. Der Auszubildende bekommt, genau wie alle anderen Mitarbeiter, Urlaubstage und eine Ausbildungsvergütung. Die Vergütung steigt mit jedem Jahr der Ausbildung. Die Ausbildungsvergütungen sind von Beruf zu Beruf unterschiedlich. Manchmal reicht das Geld nicht zum Leben. Dann kann man bei der Bundesagentur für Arbeit „Ausbildungsbeihilfe (BAB)" beantragen.

Welche Ausbildungen gibt es?

In der Berufsschule lernt man alles, was man für die Arbeit im Betrieb wissen muss.

Beispiel Tischler:

⇨ **Montage/Gestaltung**
⇨ **Holzverarbeitung**
⇨ Politik
⇨ Deutsch und Englisch

Berichtsheft

Es besteht Schulpflicht in der Ausbildung. Das bedeutet, man *muss* zur Schule gehen. In der Schule bekommt man Noten. Im Ausbildungsbetrieb bekommt man meist keine Noten, aber man muss ein „**Bericht**sheft" schreiben. Mit dem Berichtsheft können Betrieb und Schule sehen, ob die Praxis verstanden wurde. Im Berichtsheft stehen zum Beispiel folgende Fragen:

⇨ Mit welchen **Werkzeugen** arbeite ich gerade? Mit welchem Computersystem arbeite ich gerade?
⇨ In welcher **Abteilung** arbeite ich gerade?
⇨ Was habe ich gelernt?
⇨ Was durfte ich allein machen? Wo durfte ich nur zusehen?

die Montage	etwas anbringen	assembly	أيام الإثنين
die Gestaltung	das Aussehen z. B. eines Tisches bestimmen: rund, eckig, lang, schmal, Farbe	design	التصميم
die Holzverarbeitung	wie man mit Holz arbeiten kann	wood-working	تصنيع الخشب
der Bericht	das Aufschreiben eines Ablaufs	report	التقرير
das Werkzeug	Arbeitsgeräte wie z. B. ein Hammer, ein Schraubenzieher, eine Bohrmaschine usw.	tool	الأداة
die Abteilung	ein Bereich im Betrieb	department	القسم

1 System der Berufsbildung

Duale Ausbildung

1.   Finden Sie die richtigen Antworten zu den Fragen.

1) Wie lange dauert eine Ausbildung?

2) Was ist „Blockunterricht"?

3) Was kann man machen, wenn das Ausbildungsgehalt nicht zum Leben reicht?

4) Wie viel Geld bekommt man in der Ausbildung?

5) Muss man während der Ausbildung regelmäßig zur Schule gehen?

a) Man kann bei der Agentur für Arbeit Ausbildungsbeihilfe (BAB) beantragen.

b) Ja, während der Ausbildung hat man die Pflicht dazu.

c) Eine Phase. Zum Beispiel verbringt man zwei Monate in der Schule und dann drei Monate im Betrieb.

d) In der Regel drei Jahre.

e) Das kann man nicht sagen, weil es unterschiedlich ist. Aber das Gehalt steigt jedes Jahr an.

1) _____

_____

2) _____

_____

3) _____

_____

4) _____

_____

5) _____

_____

2.   Richtig oder falsch? Kreuzen Sie an.

R   F

◯ ◯   In der Berufsschule lernt man neben beruflichem Wissen auch Allgemeines.

◯ ◯   In der Berufsschule gibt es keine Noten mehr.

◯ ◯   Das Berichtsheft ersetzt die Noten im betrieblichen Teil der Ausbildung.

◯ ◯   Die Lehrer und der Betrieb können sich das Berichtsheft regelmäßig ansehen und überprüfen, ob der Auszubildende die Inhalte verstanden hat.

1 System der Berufsbildung

Schulische Ausbildung

In manchen Ausbildungen besucht man nur die Berufsschule. Aber auch hier gibt es **Phasen**, in denen die Schüler ein Praktikum machen. Im Praktikum lernen sie auch Praxis. Auch an der Berufsschule dauert die Ausbildung 3 bis 3,5 Jahre.

In diesen Berufen findet die Ausbildung an einer Schule statt:

⇨ Erzieher
⇨ Krankenpfleger
⇨ Altenpfleger
⇨ Dolmetscher
⇨ **Medizinisch-Technischer-Assistent**

Es gibt staatliche Schulen und private Schulen. Staatliche Schulen werden vom Staat finanziert. Das bedeutet, dass sie kostenlos sind. An privaten Schulen muss man Geld für die Ausbildung bezahlen.
Die Schulen heißen:
Berufsfachschule, Fachschule, Berufsschule, Berufskolleg oder Schule des Gesundheitswesens.

Teilzeitausbildung

Genau wie bei der Arbeit, kann man in Deutschland auch eine Teilzeitausbildung machen. Das bedeutet, man arbeitet weniger in der Woche, dafür dauert die Ausbildung aber länger. Wenn man kleine Kinder hat, ist das sehr hilfreich. Auch für Frauen ist eine Ausbildung sehr wichtig. Wenn man noch einen Deutschkurs besucht, ist eine Teilzeitausbildung eine gute Lösung.

Duales Studium

Bei einem dualen Studium besucht man eine Universität oder Fachhochschule und einen Betrieb gleichzeitig. Am Ende des dualen Studiums hat man einen Beruf erlernt und einen Hochschulabschluss gemacht. Die Vorteile sind, dass man Zeit und Geld spart. Denn während des Studiums verdient man schon Geld. Ein duales Studium hat aber auch Nachteile. Es ist sehr zeitintensiv. Oft muss man acht Stunden im Betrieb arbeiten, am Abend noch die Vorlesung besuchen und am Wochenende für Prüfungen lernen. Für Freizeit, Freunde und Familie bleibt sehr wenig Zeit.

die Phase	ein begrenzter Zeitraum	phase	المرحلة
der Medizinisch-Technische-Assistent	eine Hilfskraft in der Medizin	medical technical assistant	فني أجهزة طبية

1 System der Berufsbildung

Schulische Ausbildung

1. Finden Sie die richtigen Satzenden und ordnen Sie zu.

1) An einer Berufsschule ...

a) ... gibt es auch praktische Anteile, durch Praktika.

2) Teilzeitausbildung bedeutet, ...

b) ... kosten Geld.

3) Private Berufsschulen ...

c) ... dass man in der Woche weniger Stunden arbeitet, dafür aber eine längere Zeit in der Ausbildung verbringt.

4) Bei einer schulischen Ausbildung ...

d) ... dauert die Ausbildung genauso lange, wie in einem Betrieb.

5) Wenn man ein duales Studium macht, ...

e) ... studiert man an der Universität und geht in den Betrieb zur gleichen Zeit.

1) _____

_____

2) _____

_____

3) _____

_____

4) _____

_____

5) _____

_____

2. Richtig oder falsch? Kreuzen Sie an.

R   F

◯ ◯   Ein Berufskolleg ist eine Schule, an der man einen Beruf erlernen kann.

◯ ◯   Duales Studium bedeutet, dass man Praxis und Theorie in der Berufsschule lernt.

◯ ◯   Ausbildungen sind immer in Vollzeit.

◯ ◯   An Schulen gibt es keinen Praxis-Teil. Dort lernt man nur die Theorie.

◯ ◯   Die Ausbildung an der Schule dauert drei Jahre. Manchmal auch länger.

2 Ausbildungsabschlüsse

Den Abschluss machen

Wie auch die Schule, endet die Ausbildung mit Prüfungen. Wenn man die Prüfung besteht, hat man einen Abschluss und kann in seinem Beruf arbeiten. Wenn man die Prüfung nicht besteht, hat man zweimal die Möglichkeit, sie zu wiederholen. Viele Betriebe übernehmen ihre ausgebildeten Auszubildenden. Das bedeutet, sie bekommen nach der Prüfung einen Arbeitsvertrag und können im Betrieb bleiben.

Manchmal übernimmt der Betrieb seine Auszubildenden nicht, weil keine Arbeitsplätze da sind. Manchmal möchte der Auszubildende auch lieber woanders arbeiten. Dann kann er sich mit dem Abschlusszeugnis der Ausbildung bei einem anderen Betrieb bewerben.

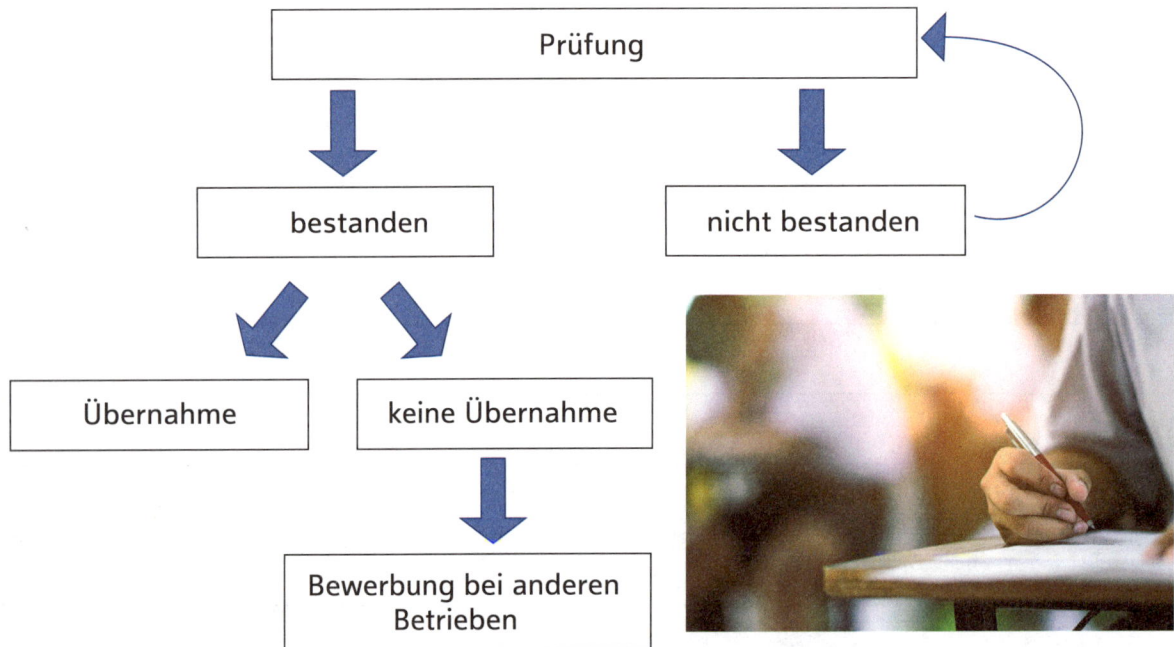

Während der Ausbildung gibt es zwei große Prüfungen. Die erste ist in der Mitte der Ausbildung. Sie heißt „Zwischenprüfung". Die zweite Prüfung ist am Ende der Ausbildung. Sie heißt „Abschlussprüfung". Im **Handwerk** heißt die Abschlussprüfung „Gesellenprüfung". Die Abschlussprüfung macht die IHK (Industrie- und Handelskammer). Am Ende bekommt man ein **Abschlusszeugnis** von der Berufsschule und einen **Gesellenbrief** von der **Kammer.**

Mit dem Zeugnis kann man sich überall in Deutschland auf seinen erlernten Beruf bewerben.

das Handwerk	Tätigkeiten (Gewerbe), bei denen Produkte hergestellt oder Dienstleistungen angeboten werden	trade	الحرفة
die Kammer	hier: eine Einrichtung, die Aufgaben der berufsständischen Verwaltung ausführt	chamber	الغرفة
der Gesellenbrief	ein Zertifikat, das man nach der Ausbildung im Handwerk bekommt	certificate of apprenticeship	شهادة مهنية
das Abschlusszeugnis	das Zeugnis am Ende der Ausbildung nach bestandener Abschlussprüfung	diploma	شهادة تخرج

2 Ausbildungsabschlüsse

Den Abschluss machen

1. Setzen Sie die fehlenden Wörter in die Lücken ein:

Meister, Stelle, Fachkraft, Abschlussprüfung, Prüfungen

Während der Ausbildung gibt es zwei große _____. Die Zwischenprüfung findet

ungefähr bei der Hälfte der Ausbildungszeit statt, die _____ am Ende.

Wenn der Betrieb den Auszubildenden nicht übernimmt oder der Auszubildende nicht weiter im

Ausbildungsbetrieb arbeiten möchte, kann er sich als _____ bei einem anderen

Betrieb um eine _____ bewerben. Nach drei bis vier Jahren Berufserfahrung gibt es

die Möglichkeit, einen _____ zu machen. Dafür besucht man die Meisterschule.

2. Wortgitter: Finden Sie die Wörter und markieren Sie sie.

H	A	N	D	W	E	R	K	L	G	R	R	T	X	M	G	V
S	D	R	X	Z	B	I	A	P	J	B	E	T	R	I	E	B
Z	E	U	G	N	I	S	E	F	H	K	F	F	G	V	V	Z
U	B	R	N	F	Z	J	L	Q	X	V	Q	R	F	P	V	N
J	U	N	T	E	R	N	E	H	M	E	N	R	U	B	H	T
W	P	J	U	B	M	W	R	G	N	P	D	G	M	I	D	U
W	D	Z	W	I	S	C	H	E	N	P	R	Ü	F	U	N	G
G	H	T	T	H	T	K	M	G	S	B	K	H	R	U	R	Q
B	K	Y	U	Ü	B	E	R	N	A	H	M	E	X	C	T	I
F	O	E	C	X	S	E	H	M	C	D	F	R	V	L	T	H
B	G	T	A	U	S	B	I	L	D	U	N	G	N	C	M	K
V	Q	G	V	T	C	F	B	U	U	R	I	D	T	P	X	W
D	G	E	S	E	L	L	E	N	P	R	Ü	F	U	N	G	Y
E	A	T	C	H	N	A	I	M	P	E	N	G	T	C	Q	H
R	H	R	X	M	F	W	L	D	P	D	I	Z	H	U	T	L
A	B	S	C	H	L	U	S	S	P	R	Ü	F	U	N	G	H
L	D	V	U	C	G	Z	X	D	S	H	B	U	A	D	P	E

3 Ehrenamt und Freiwilligendienst

Engagement, das sich auszahlt

Viele Menschen arbeiten in Deutschland ehrenamtlich. Das bedeutet, dass sie kein Geld für ihre Arbeit bekommen. Sie machen das oft neben der Arbeit, ein paar Stunden in der Woche. Ein Ehrenamt kann man sich natürlich aussuchen. Es gibt sehr viele Ehrenämter in Deutschland:

⇨ **Bei der Feuerwehr:** Hier helfen Menschen freiwillig, wenn es zum Beispiel bei einem **Brand** Verletzte gibt.

⇨ **Mit Kindern:** Viele arbeiten auch freiwillig mit Kindern. Zum Beispiel lesen sie einmal in der Woche aus einem Buch vor. Es gibt auch viele Ehrenamtliche, die kranke Kinder begleiten.

⇨ **Mit Alten:** Auch mit alten Leuten arbeiten viele Menschen ehrenamtlich. Sie besuchen sie im Altenheim oder begleiten sie im Alltag.

⇨ **Mit Migranten:** Viele Menschen arbeiten auch ehrenamtlich mit Menschen, die neu in Deutschland sind. Sie helfen ihnen mit ihren Papieren oder dem Lernen der deutschen Sprache.

⇨ **In der Natur:** Die Menschen, die hier arbeiten, kümmern sich um die Natur, um kranke Tiere oder darum, eine gute Umwelt zu schaffen.

Formen von Ehrenamt

Wenn man ehrenamtlich arbeitet, kann das helfen, einen Job zu bekommen. Firmen sehen das sehr gerne. Es gibt auch besondere Formen von Ehrenamt, die man „Freiwilligendienste" nennt. Im Freiwilligendienst bekommt man meistens die Verpflegung, die Unterkunft und ein Taschengeld bezahlt.

Nach der Schule, der Ausbildung oder dem Studium möchten viele einen Freiwilligendienst machen. Das bedeutet, sie arbeiten ein Jahr freiwillig im Bereich „Soziales" oder **„Naturschutz"**. Viele machen das auch im Ausland. An einem Jugendfreiwilligendienst kann man bis zum 27. Lebensjahr teilnehmen:

www.bmfsfj.de/BMFSFJ/Freiwilliges-Engagement/fsj-foej.html

Das Ehrenamt ist sehr wichtig für die Gesellschaft. Es hilft dem **Gemeinschaftsgefühl**, dem Zusammenhalt und hilft da, wo die Sozialpolitik nicht ausreicht.

der Brand	Feuer	fire	حريق
der Naturschutz	die Natur beschützen und sauber halten, Tieren helfen	nature conservation	حماية البيئة
das Gemeinschaftsgefühl	das Gefühl, zusammen zugehören	sense of community	الشعور بالجماعة

3 Ehrenamt und Freiwilligendienst

Engagement, das sich auszahlt

1. Finden Sie die richtigen Antworten zu den Fragen.

1) Was verdient man in einem Ehrenamt?

a) Es ist wichtig für die Gesellschaft. Außerdem sehen Arbeitgeber Ehrenämter sehr gerne im Lebenslauf.

2) Wozu ist ein Ehrenamt gut?

b) Ja, für Ehrenämter gibt es keine großen Anforderungen. Viele Menschen, die selbst nicht in Deutschland geboren sind, helfen Menschen, die neu nach Deutschland kommen.

3) Kann man ohne Deutschkenntnisse ein Ehrenamt übernehmen?

c) Das ist nicht festgelegt und man kann es sich selbst aussuchen.

4) Wie viele Stunden arbeitet man im Ehrenamt?

d) Nichts. Ein Ehrenamt ist „freiwillige" Arbeit.

5) Wie alt muss man sein, wenn man einen Jugendfreiwilligendienst machen möchte?

e) Unter 27 Jahre.

1) _____

_____

2) _____

_____

3) _____

_____

4) _____

_____

5) _____

_____

2. Kennen Sie Ehrenämter in Ihrer Stadt? Was denken Sie darüber? Listen Sie auf und tauschen Sie sich anschließend im Kurs aus.

_____

_____

_____

_____

4 Praktikum

Den Beruf kennenlernen

Oft weiß man nicht, welchen Beruf man erlernen möchte. Dafür ist das **Praktikum** sehr wichtig. Es hilft bei der Orientierung und Wahl der richtigen Ausbildung und somit des richtigen Berufs. Während eines Praktikums kann man einen Betrieb und den Beruf kennenlernen.

Der Betrieb schließt einen Vertrag mit dem Praktikanten. Wenn das Praktikum länger als drei Monate dauert, bekommt man 9,19 € pro Stunde Mindestlohn. Manchmal möchten Universitäten, dass die Studierenden ein Praktikum machen. Dann ist das Praktikum ein Teil des Studiums. Auch dann hat man ein Recht auf Mindestlohn.

Warum ein Praktikum hilfreich ist

Im Praktikum lernt man aber nicht nur den Betrieb und die Arbeit kennen, sondern auch viele Menschen. Später, bei der Bewerbung, können diese **Kontakte** sehr wichtig sein. Wenn das Unternehmen oder der Betrieb den Bewerber schon kennt, kann das viele Vorteile haben. Auch wenn man neu in einem Land ist, kann ein Praktikum helfen, die Tür zur Berufswelt zu öffnen.

Die Dauer eines Praktikums ist ganz unterschiedlich. Manchmal dauert es nur ein paar Wochen, manchmal auch mehrere Monate oder ein Jahr.

Am Ende bekommt der **Praktikant** ein Arbeitszeugnis. Darin steht, was er gelernt hat, wie lange das Praktikum gedauert hat und wie er die Aufgaben erledigt hat. Das Zertifikat kann bei der Bewerbung helfen.

Manchmal weiß man nach einem Praktikum auch, was man *nicht* machen möchte. Oft stellt man sich einen Beruf ganz anders vor, als er in Realität ist.

das Praktikum	praktische Erfahrungen in einem Betrieb sammeln	internship	التدريب العملي
die Kontakte	Menschen, die man kennt	contacts	الاتصالات
der Praktikant	die Person, die das Praktikum macht	intern	المتدرب

4 Praktikum

Den Beruf kennenlernen

1. Richtig oder falsch? Kreuzen Sie an.

R F

◯ ◯ Wenn ein Praktikum Teil des Studiums ist, bekommt man ein Gehalt.

◯ ◯ Nach einem Praktikum bekommt man eine Stelle im Betrieb.

◯ ◯ Durch ein Praktikum bekommt man einen ersten Eindruck von der Tätigkeit.

◯ ◯ Man muss mindestens drei Monate Praktikum machen.

◯ ◯ Die Höhe des Gehalts im Praktikum beträgt 6,84 € pro Stunde.

◯ ◯ Nach dem Praktikum erhält der Praktikant ein Zeugnis.

2. Beantworten Sie die Fragen:

a) Ab welcher Dauer bekommt man für ein Praktikum den Mindestlohn?

_____

b) Warum kann ein Praktikum beim Berufseinstieg helfen?

_____

c) Wie lange kann man ein Praktikum machen?

_____

d) Was steht im Praktikumszeugnis?

_____

_____

3. Verbinden Sie die Begriffe mit der entsprechenden Erklärung.

1) der Mindestlohn

2) das Arbeitszeugnis

3) der Betrieb

4) die Universität

5) der Vertrag

a) eine Firma/ein Unternehmen

b) ein staatlich festgesetzter Lohn, den man für eine Arbeit mindestens erhält

c) eine rechtliche bindende, schriftliche Vereinbarung zwischen zwei Parteien

d) ein Zertifikat, mit dem bestimmte Leistungen bestätigt werden

e) ein Ort, an dem Studierende lernen

5 Jobs

Stelle ist nicht gleich Stelle

In Deutschland gibt es verschiedene Arten von Stellen. Für manche Stellen braucht man ein Studium, für manche eine Ausbildung. Es gibt aber auch Arbeiten, für die man keine Ausbildung und kein Studium braucht.

Minijob/450-Euro-Job

Im Minijob verdient man höchstens 450,00 € im Monat bzw. 5 400,00 € im Jahr. Oft auch weniger. Das kommt auf die Anzahl der Stunden an. Viele Studenten haben einen 450-Euro-Job. Er reicht nicht zum Leben, aber viele verdienen sich so etwas Geld dazu. Der Arbeitgeber zahlt nur einen Pauschalbeitrag zur Krankenversicherung (Stand 2019: 13 %). Als Minijobber muss man keine Steuern zahlen. Oft kommt man über den Minijob auch an eine feste Stelle, da man dem Unternehmen bereits bekannt ist.

Aushilfsjob

Auch für einen Aushilfsjob braucht man keine Ausbildung. „Aushelfen" bedeutet: helfen, wenn viel zu tun ist und die eingestellten Mitarbeiter eines Betriebs die Arbeit nicht allein schaffen. Zum Beispiel im Sommer im Restaurant oder kurz vor Weihnachten im Geschäft. Viele Aushilfsjobs sind auch Minijobs. Es handelt sich nicht um eine **Vollzeitstelle**. Aushilfsjobs sind immer begrenzt. Aber auch ein Aushilfsjob kann zu einer Übernahme in ein festes Arbeitsverhältnis führen.

Ein-Euro-Jobs

Ein-Euro-Jobs werden auch „Arbeitsgelegenheiten" genannt. Es ist also eher eine **Gelegenheit** und kein richtiger Job. Sie werden vom Staat bezahlt. Nur Kunden vom Jobcenter, die Arbeitslosengeld II bekommen, können in dieser Gelegenheit wieder in Arbeit finden. Die Kunden bekommen zusätzlich zum Arbeitslosengeld Geld pro Stunde (1,00 € – 2,00 €) bezahlt. Die Aufgaben sind oft gut für die Gesellschaft. Man muss zum Beispiel einen Park sauber machen oder einen Spielplatz bauen.

die Vollzeitstelle	meist: eine wöchentliche Arbeitszeit zwischen 36 und 40 Stunden	full-time job	وظيفة بدوام كامل
die Gelegenheit	hier: Die Chance/ Möglichkeit, eine Arbeit zu finden.	opportunity	الفرصة

5 Jobs

Stelle ist nicht gleich Stelle

1. Setzen Sie die fehlenden Wörter in die Lücken ein:

Steuern, Arbeitgeber, Minijob, Ausbildung, Studium, Steuern, Geld, mehr

Es gibt viele verschiedene Berufsformen in Deutschland. Darunter gibt es auch „kleine" Jobs, für die

man keine _____ braucht. Diese „kleinen" Jobs ersetzen keine richtige Stelle

und das _____ reicht nicht zum Leben. Eine sehr bekannte Berufsform ist der

_____. Bis zu 450,00 € im Monat darf man dabei verdienen, ohne

_____ zahlen zu müssen. Das sind 5 400,00 € im Jahr. Die meisten arbeiten

in einem 450-Euro-Job, um sich etwas dazuzuverdienen. Zum Beispiel neben dem

_____ oder der Ausbildung. Auch viele Frauen mit kleinen Kindern arbeiten in

einem Minijob. Das Gehalt in einem Minijob ist unterschiedlich und kommt auf den Stundenlohn an.

Bei 9,00 € in der Stunde muss man _____ arbeiten, als bei 15,00 € in der Stunde. Der

_____ zahlt einen Pauschalbeitrag zur Krankenversicherung von 13 %

(Stand: 2019).

2. Richtig oder falsch? Kreuzen Sie an.

R   F

◯ ◯ Viele Aushilfsjobs sind 450-Euro-Jobs.

◯ ◯ Wenn man im Jahr mehr als 5 400,00 € verdient, muss man Steuern zahlen.

◯ ◯ Arbeitsgelegenheiten werden auch „Aushilfsjobs" genannt.

◯ ◯ Arbeitsgelegenheiten sind oft Arbeiten, die gut für die Gesellschaft sind.

◯ ◯ Viele Studenten arbeiten in 1-Euro-Jobs, um sich neben dem Studium etwas dazuzuverdienen.

3. Nennen Sie Beispiele für die verschiedenen Gruppen von Jobs.

Minijobs: _____

_____

Aushilfsjobs: _____

_____

1-Euro-Jobs: _____

_____

5 Jobs

Stelle ist nicht gleich Stelle

Je nach Schulabschluss gibt es verschiedene Möglichkeiten auf dem Arbeitsmarkt.

Hilfsarbeiter/Facharbeiter

Hilfsarbeiter haben keine Ausbildung. Ohne eine Ausbildung ist es oft sehr schwer eine gute Arbeit zu finden. Hilfsarbeiter verdienen oft sehr wenig Geld und können im Betrieb nicht alle Aufgaben übernehmen.

Facharbeiter haben eine abgeschlossene technische oder gewerbliche Ausbildung. Sie verdienen mehr Geld und können wichtige Aufgaben im Betrieb übernehmen. Die Grenze zur Fachkraft ist eher fließend.

Fachkräfte

Fachkräfte haben eine erweiterte Ausbildung im **Gewerbe**, in der **Technik** oder in der Medizin. Sie verfügen in einem bestimmten Bereich ihres Berufsfeldes über entsprechend tiefgehende Kenntnisse und Fähigkeiten. Auch Menschen, die ein Studium abgeschlossen haben, werden Fachkräfte genannt. In Deutschland gibt es einen „Fachkräfte**mangel**". Das bedeutet, dass es zu wenige Fachkräfte gibt.

Führungskräfte

Eine Führungskraft ist eine Person, die etwas leitet. Viele Führungskräfte haben die Verantwortung für das **Personal** im Betrieb. Manchmal leiten sie auch einen Bereich/eine Abteilung in der Firma. Das nennt man „Abteilungsleiter". Führungskräfte haben sehr wichtige Aufgaben. Deshalb verdienen sie auch mehr Geld. Führungskräfte haben oft studiert oder sich „hochgearbeitet".

Was bedeutet „sich hocharbeiten"?

Wenn man in seiner Stelle gut ist, kann man sich auf eine andere, „höhere" Stelle im Betrieb bewerben. Dann kann man von einer Fachkraft zur Führungskraft aufsteigen. Es gibt auch die Möglichkeit, an **Weiterbildungen** teilzunehmen und sich so weiter zu **qualifizieren**.

die Technik	hier: die Arbeit mit Maschinen	engineering	التقنية
das Gewerbe	wirtschaftliche Tätigkeit/wirtschaftlicher Bereich	business	التجارة
der Mangel	zu wenig von etwas haben	shortage	النقص
das Personal	alle Menschen, die in einem Betrieb arbeiten	staff	الموظفون
die Weiterbildung	ein Seminar, in dem man noch etwas zu seinem Beruf dazulernt	further training	مواصلة التعلم
sich qualifizieren	weiter lernen und mehr Wissen und Können für seinen Beruf erwerben	to qualify	يتأهل

5 Jobs

Stelle ist nicht gleich Stelle

1. Hilfsarbeiter, Facharbeiter, Fachkraft oder Führungskraft? Fügen Sie ein.

Salina, 28, hat dieses Jahr ihr Medizin-Studium erfolgreich abgeschlossen.	
Thomas, 55, arbeitet seit 30 Jahren auf dem Bau. Er hat mit 16 die Schule mit einem Hauptschulabschluss verlassen.	
Ali, 25, hat vor zwei Jahren eine Ausbildung als Tischler erfolgreich abgeschlossen. Er arbeitet jetzt in Vollzeit in einer Tischlerei.	
Theresa, 42, hat einen Master-Abschluss in Betriebswirtschaftslehre. Seit fünf Jahren leitet sie die Personalabteilung eines internationalen Unternehmens.	

2. Finden Sie die richtigen Antworten zu den Fragen.

1) Was bedeutet „Fachkräftemangel"?

a) ... eine bessere Qualifizierung.

2) Was bedeutet „sich hocharbeiten"?

b) In bestimmten Berufen fehlen in Deutschland Fachkräfte.

3) Eine Weiterbildung ist eine Möglichkeit für ...

c) Jemand, der in einem Betrieb einen bestimmten Bereich führt.

4) Was bedeutet „Abteilungsleiter"?

d) Wenn man in einem Betrieb sehr fleißig und sehr gut ist und dann eine bessere Stelle bekommt.

5) In welchen Bereichen haben Facharbeiter oft eine Ausbildung?

e) In der Technik oder dem Gewerbe.

1) _____

_____

2) _____

_____

3) _____

_____

4) _____

_____

5) _____

_____

6 Berufsfelder

Branchen in Deutschland

„Branchen" nennt man in Deutschland die verschiedenen Bereiche, die es auf dem Arbeitsmarkt gibt. Es gibt viele Branchen mit vielen verschiedenen Berufen und Möglichkeiten.

Produktion und Industrie	Handwerk
⇨ Ein großer Teil der Produktionen findet in großen Fabriken statt. Die größte Industrie in Deutschland ist die Autoindustrie. ⇨ In der Produktion und Industrie gibt es viele sehr verschiedene Berufe. 	⇨ Maschinen können nicht alles machen. Für viele Arbeiten braucht man die Hände eines Menschen (deshalb „Hand"-Werk). Vor allem, wenn ein Haus gebaut werden soll oder etwas repariert werden muss. Handwerksberufe sind z. B.: • Tischler, • KFZ-Mechatroniker, • Mechaniker und Techniker, • Monteure.
Dienstleistungen	Handel
Deutschland ist zum größten Teil eine „Dienstleistungsgesellschaft" (70 %). Dazu gehören sehr viele, sehr verschiedene Berufe, z. B.: • Versicherungen und Banken, • Medizin und Pflege, • Gastgewerbe, • Verkauf, Verkehr. Darunter sind **Angestellte** (z. B. bei einer Bank) und **Freiberufler** (z. B. Ärzte).	Der Handel ist ein großer Bereich der Dienstleistungen. Was produziert wurde, soll verkauft werden. Die Geschäfte in der Innenstadt nennt man „Einzelhandel". Seit ein paar Jahren gibt es auch den „Online-Handel". Dieser Bereich wird jedes Jahr größer.

angestellt sein	in einer Firma arbeiten und einen Vertrag haben	to be employed	يكون موظفاً
freiberuflich sein	selbstständig für verschiedene Auftraggeber arbeiten	to work freelance	يعمل عملاً حراً

6 Berufsfelder

Branchen in Deutschland

1. Produktion/Industrie, Handwerk, Dienstleistung oder Handel? Fügen Sie ein.

die Bankkauffrau	
die Hotelfachfrau	
die Deutschlehrerin	
der Maler	
der Schneider	
der Kellner	
der Arzt	
die Pilotin	
die Tischlerin	
der Fachverkäufer	

2. Und jetzt Sie: Finden Sie weitere Berufe für die genannten Branchen.

Produktion/Industrie	– – –
Handwerk	– – –
Dienstleistungen	– – –
Handel	– – –

3. Welche Branche interessiert Sie am meisten und warum? Schreiben Sie auf.

_____

_____

_____

6 Berufsfelder

Arbeitskräfte werden gesucht

In Deutschland herrscht „Fachkräftemangel". Deutschland braucht und sucht gut ausgebildete Fachkräfte. Wenn man keine Ausbildung hat, ist es gut, wenn man diese nachholt. Auch einen Schulabschluss kann man jederzeit nachholen.

Am meisten fehlen Fachkräfte in den Branchen Verkauf und Handwerk (Mechatronik, Technik, Elektronik). Aber auch in anderen Branchen fehlen Fachkräfte (soziale Berufe, Gesundheitsberufe, ...). Im Verkauf sind Deutschkenntnisse besonders wichtig. Gute Deutschkenntnisse erleichtern den Einstieg in das Arbeitsleben. Ausbildungen im Verkauf fordern oft ein gutes Niveau B2, im Handwerk reicht auch häufig das Niveau B1.

Chancen für Menschen, die neu in Deutschland sind

Die Chancen sind sehr unterschiedlich. Berücksichtigt werden:

⇨ die Ausbildung/das Studium,
⇨ **Berufserfahrung,**
⇨ Weiterbildungen,
⇨ Sprachkenntnisse.

Menschen, die neu in Deutschland sind und keine Ausbildung/ kein Studium haben, arbeiten oft in Restaurants, Hotels, im Lager, in der Reinigung oder im **Sicherheitsdienst**. In diesen Bereichen kann man schnell eine Arbeit finden und oft braucht man nur sehr wenige Sprachkenntnisse. Sie sind aber meistens nicht gut bezahlt. Mit einem Schulabschluss, einer Ausbildung oder einem Studium und guten Sprachkenntnissen hat man eine größere **Auswahl** an Stellen.

Viele Unternehmen machen Projekte für Menschen, die neu in Deutschland sind. Diese Projekte sollen den Menschen helfen, einen Weg in den Arbeitsmarkt zu finden. Die Bundesagentur für Arbeit kann helfen, so ein Projekt zu finden.

Was ist eigentlich „Zeitarbeit"?

Zeitarbeitsfirmen vermitteln Personal. Ein Arbeitnehmer hat seinen Vertrag bei der Zeitarbeitsfirma geschlossen. Die Zeitarbeitsfirma schickt ihn an andere Unternehmen, wo er für eine Zeit arbeitet. Der Arbeitnehmer arbeitet also bei verschiedenen Unternehmen, aber bekommt sein Gehalt und seinen Urlaub von der Zeitarbeitsfirma, bei der er angestellt ist.

die Berufserfahrung	praktische Erfahrung im Arbeiten	professional experience	الخبرة المهنية
der Sicherheitsdienst	in der Sicherheit arbeiten	security	خدمة الأمن
die Auswahl	verschiedene Dinge, unter denen man die Wahl hat	selection	الاختيار

6 Berufsfelder

Arbeitskräfte werden gesucht

1. Richtig oder falsch? Kreuzen Sie an.

R   F

◯ ◯   Sprachkenntnisse spielen bei der Berufsfindung keine Rolle.

◯ ◯   Mit guten Sprachkenntnissen ist es oft leichter, eine Arbeit zu finden.

◯ ◯   In manchen Branchen braucht man mehr Deutschkenntnisse, in anderen weniger.

◯ ◯   In Deutschland fehlen in allen Branchen Fachkräfte.

◯ ◯   Die Agentur für Arbeit hilft Migranten bei der Arbeitssuche weiter.

◯ ◯   Zeitarbeitsfirmen vermitteln Personal.

2. Wortgitter. Welche Wörter sind versteckt? Markieren Sie.

I	O	S	Q	V	B	H	Y	S	G	C	M	K	J	T	D	O
D	I	M	W	R	R	Y	L	T	B	A	G	F	F	Z	W	R
U	B	X	E	R	A	C	A	A	E	R	X	A	Y	P	T	M
R	E	X	I	C	N	H	G	J	R	B	Q	C	U	A	C	X
A	R	B	T	F	C	P	E	P	I	E	Q	H	H	R	B	V
M	U	D	E	O	H	R	R	S	F	I	V	K	K	B	A	S
Z	F	J	R	S	E	V	X	E	T	T	V	R	B	E	I	T
H	S	S	B	G	C	V	W	I	X	S	I	Ä	V	I	A	R
G	E	D	I	D	T	P	P	A	F	W	Q	F	D	T	K	E
I	R	U	L	C	E	V	R	E	R	E	V	T	Y	S	X	I
U	F	F	D	M	C	Y	O	L	Q	L	Q	E	C	L	I	N
X	A	Y	U	G	H	O	J	F	L	T	K	M	F	E	K	I
Z	H	M	N	Q	N	X	E	L	E	C	Q	A	P	B	E	G
M	R	R	G	G	I	W	K	S	E	V	M	N	T	E	U	U
R	U	I	H	T	K	N	T	P	S	E	O	G	G	N	T	N
Q	N	K	M	J	F	G	R	R	Q	H	H	E	U	E	W	G
S	G	E	E	U	I	A	M	G	U	B	T	L	M	M	Q	V

7 Bewerbung

Für sich werben

Man muss sich für alles bewerben: ein Praktikum, eine Ausbildung oder eine Arbeitsstelle. Man bewirbt sich immer direkt bei dem Unternehmen. Manchmal haben diese eine Ausschreibung in der Zeitung oder im Internet. Wenn nicht, kann man sich aber auch ohne Ausschreibung bewerben.

Wichtiges bei einer Bewerbung

Eine Bewerbung muss am Computer geschrieben werden, nicht handschriftlich. Man benutzt dafür weißes DIN A4 Papier. Das Papier muss sauber sein und darf nicht geknickt werden. Alle Papiere kommen zusammen in eine Mappe, die „**Bewerbungsmappe**". Manchmal möchten die Unternehmen aber auch, dass die Bewerbung online eingereicht wird. Dann schickt man die Unterlagen per E-Mail oder es gibt ein Formular auf der Homepage des Unternehmens.

In eine Bewerbung gehört: das Anschreiben, der **Lebenslauf** (meistens mit Foto), Anlagen (Zeugnisse von Schulen, Weiterbildungen, Arbeitszeugnisse, Zeugnisse von Praktika, Sprachzertifikate, ...).

Das Anschreiben

Im Anschreiben muss Folgendes stehen:

⇨ Warum bewerbe ich mich für diese Ausbildung/für diese Stelle?
⇨ Warum bewerbe ich mich bei diesem Unternehmen?
⇨ Was interessiert mich besonders an dieser Ausbildung/dieser Stelle?
⇨ Warum bin ich der/die Richtige für diese Stelle?

Im Anschreiben macht man Werbung für sich selbst. Man schreibt auf, wo man in der Vergangenheit gearbeitet hat, welche Erfahrungen man hat, welchen Abschluss/welche Ausbildung man gemacht hat. Das Anschreiben ist grob eine Seite lang. Es muss auch die Adresse vom Betrieb und die eigene Adresse enthalten.

Hier gibt es Informationen für die richtige Bewerbung und das richtige Anschreiben:

www.make-it-in-germany.com/de/fuer-fachkraefte/arbeiten/ratgeber/bewerbung

die Bewerbungs-mappe	alle Bewerbungsunterlagen gesammelt in einer Mappe	job application portfolio	ملف التقدم
der Lebenslauf	eine Übersicht mit Informationen zu einer Person	curriculum vitae (CV)	السيرة الذاتية

7 Bewerbung

Für sich werben

1. Lückentext. Fügen Sie die fehlenden Wörter in die Lücken ein.

Unternehmen, Praktikum, Anlagen, E-Mail, Ausschreibung, handschriftlich, Bewerbungsmappe, online

Egal ob Stelle, Ausbildung oder _____, in Deutschland muss man sich für alles

bewerben. Man kann sich mit oder ohne _____ bewerben. Wichtig bei der

Bewerbung ist, dass sie nicht _____, sondern am Computer geschrieben wird.

Zu einer Bewerbung gehören Anschreiben, Lebenslauf und _____. Am Ende

werden alle Unterlagen ausgedruckt, in einer _____ gesammelt und per Post

direkt an das _____ geschickt, bei dem man sich bewirbt.

Immer häufiger möchten Unternehmen, dass man sich _____ bewirbt. Sie

haben dafür auf ihrer Homepage ein Formular oder bitten den Bewerber, die Unterlagen per

_____ zu verschicken.

2. Richtig oder falsch? Kreuzen Sie an.

R   F

◯   ◯   Das Anschreiben sollte zwei bis drei Seiten lang sein.

◯   ◯   Mit dem Anschreiben wirbt man für sich selbst.

◯   ◯   Im Anschreiben stehen alle wichtigen Daten zu einer Person.

◯   ◯   Im Anschreiben steht der Grund für die Bewerbung auf genau diese Stelle.

3. Überlegen Sie, welche besonderen Fertigkeiten Sie bereits beherrschen und schreiben Sie diese in Stichworten auf.

_____

_____

_____

4. Schreiben Sie selbst ein Anschreiben. Bewerben Sie sich um ein Praktikum, eine Ausbildung oder eine Arbeitsstelle bei einem Unternehmen Ihrer Wahl. Vergessen Sie nicht das Datum, Ihre Adresse und die Adresse des Unternehmens, bei dem Sie sich bewerben möchten.

7 Bewerbung

Für sich werben

Der Lebenslauf

Im Lebenslauf stehen alle wichtigen Informationen zum Leben und zur **Bildung** einer Person mit Datum:

⇨ Foto („Bewerbungsfoto")
⇨ Name, Geburtsdatum, Geburtsort
⇨ Adresse, Telefonnummer, E-Mail-Adresse
⇨ Berufserfahrungen
⇨ alle Schulen, die besucht wurden
⇨ Ausbildung
⇨ Studium
⇨ Praktikum
⇨ Ehrenamt
⇨ Sprachen
⇨ Hobbys
⇨ Computerkenntnisse
⇨ Führerschein
⇨ Fort- und Weiterbildungen

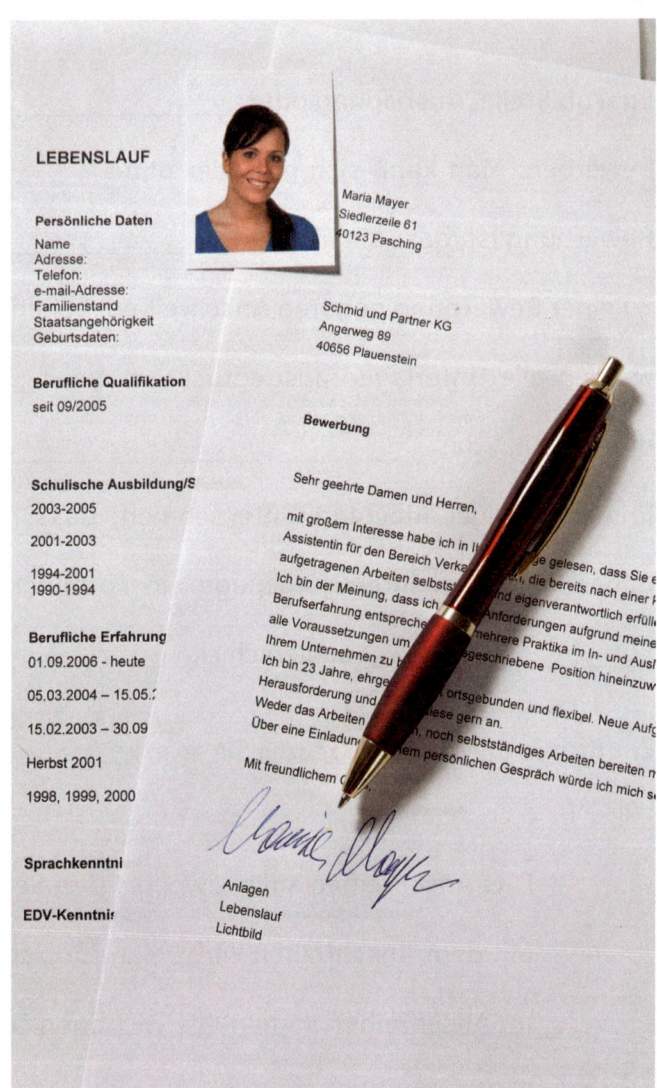

Ein Bewerbungsfoto kann man bei einem **Fotografen** machen lassen. Es ist wichtig, ein gutes Bewerbungsfoto zu haben. Das Foto sollte im oberen Teil des Lebenslaufs eingefügt werden. Das aktuelle Datum und eine Unterschrift sind zudem weitere wichtige Bestandteile.

Hier finden Sie eine Vorlage für einen Lebenslauf:
www.lebenslauf.com

die Bildung	alle Schulen, Universitäten, Aus- und Weiterbildungen, die ein Mensch besucht oder gemacht hat	education	التعليم
der Fotograf	jemand, der beruflich fotografiert und Fotos bearbeitet	photographer	المصور

7 Bewerbung

Für sich werben

1. Machen Sie die Angaben zu Ihrem persönlichen Lebenslauf.

Persönliche Daten:

Name: _____

Anschrift: _____

Tel.: _____

E-Mail: _____

Geb.: _____

Schulische Laufbahn und Ausbildung:

_____

_____

_____

_____

_____

Berufliche Laufbahn:

_____

_____

_____

_____

Kenntnisse und Fähigkeiten:

_____

_____

_____

_____

_____

_____

8 Vorstellungsgespräch

Sich persönlich vorstellen

Wenn man eine Einladung zum Vorstellungsgespräch bekommt, hat man schon einen großen Teil der Bewerbung geschafft. Ein Bewerbungsgespräch ist ein Gespräch mit dem Arbeitgeber. Es werden immer mehrere Personen zu einem Vorstellungsgespräch eingeladen. Der Arbeitgeber möchte die Bewerber besser kennenlernen. Das Gespräch ist also die Chance, den Arbeitgeber zu überzeugen. Auch hier macht man also Werbung für sich selbst.

Vorbereitung

Auf einen Teil des Vorstellungsgesprächs kann man sich vorbereiten. Meistens ist es so, dass der Arbeitgeber zu Beginn möchte, dass man etwas über sich selbst erzählt. Auch diese Fragen werden oft gestellt:

⇨ Warum haben Sie sich bei uns beworben?
⇨ Was interessiert Sie besonders an der Ausbildung/an der Stelle?
⇨ Was sind Ihre Stärken? Was sind Ihre **Schwächen**?
⇨ Haben Sie noch Fragen?

Vor allem die Frage zu den Schwächen ist nicht immer leicht zu beantworten. Man sollte sich vorher bereits über eine gute Antwort Gedanken machen. Wenn man eine Schwäche nennt, sollte man auch direkt sagen, was man dagegen tut. Zum Beispiel: „Meine Schwächen sind meine Sprachkenntnisse; ich kann noch nicht alles verstehen. Aber ich lerne auch während der Ausbildung weiterhin Deutsch."

Es ist auch gut, wenn man interessiert an dem Unternehmen ist. Wenn der Arbeitgeber fragt, ob man noch Fragen hat, sollte man sich ein oder zwei Fragen bereits vorher überlegt haben.

⇨ Informieren Sie sich über das Unternehmen.
⇨ Überlegen Sie sich Fragen.
⇨ Planen Sie genug Zeit für die Anreise ein, damit Sie pünktlich sind.
⇨ Finden Sie das passende Outfit. Für eine Bewerbung bei einer Bank ist ein Anzug **angemessen**. Als Handwerker können Sie auch eine gute Jeans tragen. Sie sollten sich in Ihrer Kleidung wohlfühlen.
⇨ Schalten Sie Ihr Smartphone aus, bevor sie den Raum betreten.

die Schwäche	etwas, das man nicht gut kann	weakness	الضعف
angemessen sein	passend zu einer Situation	to be appropriate	يكون مُعتدلاً

8 Vorstellungsgespräch

Sich persönlich vorstellen

1. **Machen Sie Angaben zu Ihrer Persönlichkeit.**

a) Denken Sie an einen Beruf (oder eine Ausbildung), den (die) Sie gerne in Deutschland ausüben möchten. Was interessiert Sie besonders an diesem Beruf?

_____

_____

_____

_____

_____

b) Was sind Ihre Stärken? Was sind Ihre Schwächen?

_____

_____

_____

_____

_____

c) Warum sind Sie ein guter Mitarbeiter? Warum sollte das Unternehmen Sie auswählen?

_____

_____

_____

_____

2. **Recherchieren Sie ein Unternehmen, bei dem Sie sich gerne bewerben möchten, und überlegen Sie sich Fragen, die Sie in einem Vorstellungsgespräch stellen könnten.**

_____

_____

_____

_____

9 Agentur für Arbeit

Hilfe bei der Arbeitssuche finden

Die Bundesagentur für Arbeit und das Jobcenter haben die Aufgabe, sich um den **Arbeitsmarkt** zu kümmern. Alle Menschen in Deutschland können mit den Mitarbeitern der Bundesagentur und des Jobcenters sprechen und Fragen stellen.

Aufgaben

Die Bundesagentur hilft allen Menschen, die eine (neue) berufliche Orientierung brauchen oder keine Arbeit haben.

⇨ Sie **vermittelt** Ausbildungen, Stellen, Maßnahmen oder Sprachkurse und Praktika.
⇨ Sie hat eine Internetseite, wo man viele Jobs und Ausbildungen in seiner Stadt finden kann.
⇨ Sie macht Bewerbungstrainings.
⇨ Sie bietet Beratung an.
⇨ Sie bietet das BIZ (Berufsinformationszentrum) zur Information über alle Berufe an.
⇨ Sie bietet Beratung für die Selbstständigkeit an.
⇨ Sie zahlt Geld (Arbeitslosengeld) an Menschen, die keine Arbeit haben.

Das Jobcenter kümmert sich um die Sicherung des Lebensunterhalts für hilfebedürftige Personen, die bestimmte Kriterien erfüllen (z. B. längere Arbeitslosigkeit). Jede Person, die beim Jobcenter gemeldet ist, hat einen persönlichen Ansprechpartner. Mit ihm kann man herausfinden, welchen beruflichen Weg man gehen möchte. Er kann mit passenden Kursen, Sprachangeboten, Nachhilfe und Maßnahmen weiterhelfen und Kontakte zu Arbeitgebern vermitteln, die auf der Suche nach neuen Mitarbeitern sind. Dafür muss man telefonisch oder per E-Mail einen Termin machen.

der Arbeitsmarkt	alles, was mit der Arbeitswelt in Deutschland zu tun hat	labour market	سوق العمل
etwas vermitteln	hier: den Arbeitnehmer und den Arbeitgeber zusammenbringen	to convey something	يوفر شيئاً

9 Agentur für Arbeit

Hilfe bei der Arbeitssuche finden

1.   Finden Sie die richtigen Endungen zu den Satzanfängen.

1) Bei der Bundesagentur kann man sich auch …

a) … einen Beratungstermin bei der Bundesagentur vereinbaren.

2) Jede Person, die beim Jobcenter gemeldet ist, …

b) … Programme, die Menschen helfen sich beruflich weiterzuentwickeln.

3) Die Bundesagentur fördert …

c) … hat einen persönlichen Ansprechpartner bei der Bundesagentur.

4) Die Bundesagentur vermittelt auch …

d) … über die Selbstständigkeit beraten lassen.

5) Alle Menschen können …

e) … Sprachkurse.

1) _____

_____

2) _____

_____

3) _____

_____

4) _____

_____

5) _____

2.   Schreiben Sie eine Nachricht an Ihren Berater bei der Bundesagentur für Arbeit oder beim Jobcenter. Sie möchten sich über einen Beruf/eine Ausbildung informieren und bitten um einen Termin.

_____

_____

_____

_____

_____

_____

_____

10 Jobbörsen

Stellen suchen – und finden

Wie kann ich freie Stellen finden?

Wenn man eine freie Stelle sucht, schaut man in sogenannten Stellenanzeigen nach. Stellenanzeigen kann man an verschiedenen Orten finden:

➪ in der **örtlichen Zeitung** (Stellen in der eigenen Stadt und Umgebung),

➪ im **Wochenblatt** (Aushilfsjobs, Minijobs),

➪ in den großen Zeitungen für ganz Deutschland (für **hochqualifizierte** Stellen),

➪ im Internet,

➪ bei der Bundesagentur für Arbeit.

Die Namen der großen Zeitungen in Deutschland lauten zum Beispiel: „Frankfurter Allgemeine Zeitung", „Süddeutsche Zeitung", „Die Zeit". Man bekommt sie an jedem Kiosk.

Im Internet gibt es viele verschiedene Möglichkeiten, Stellenanzeigen zu finden. Man kann direkt auf der Homepage des Unternehmens nachschauen. Oft gibt es auf der Homepage einen Bereich „Karriere" oder „Jobs". Dort findet man direkt alle Ausschreibungen des Unternehmens.

Eine weitere Möglichkeit ist die Jobbörse der Arbeitsagentur. Sie ist die größte im Internet in Deutschland. Hier kann man sich anmelden und für sich Werbung machen. Man kann aber auch nach Stellen in der Umgebung oder in ganz Deutschland suchen. Auch Ausbildungen kann man hier finden.

https://jobboerse.arbeitsagentur.de

Hier sind weitere Links zu Jobbörsen im Internet:

www.stepstone.de

www.monster.de

www.jobware.de

www.jobs.meinestadt.de/deutschland/stellen

die örtliche Zeitung	Zeitung, die in der Stadt geschrieben wird, in der man lebt	local newspaper	الصحيفة المحلية
das Wochenblatt	eine kleine Zeitung, die kostenlos ist und wöchentlich erscheint	weekly newspaper	الجريدة الأسبوعية
hochqualifiziert sein	ein Studium abgeschlossen haben	to be highly qualified	لديه تأهيل عالٍ

10 Jobbörsen

Stellen suchen – und finden

1.   Setzen Sie die fehlenden Wörter in die Lücken ein:

Süddeutschen Zeitung, Unternehmen, Umgebung, Internet, Deutschland, Zeitung, örtlichen Zeitung, „Karriere/Jobs", Jobbörse der Arbeitsagentur

Im _____ kann man Ausbildungen und Stellenanzeigen finden. Aber auch in

der _____. In der _____ findet man freie Arbeitsstel-

len in der Stadt, in der man lebt. Wenn man nach Jobs überall in _____ sucht,

kann man Anzeigen in Zeitungen wie der _____ finden.

Im Internet gibt es die _____. Auch dort kann man freie Stellen in seiner

_____ oder deutschlandweit finden. Wenn man schon weiß, bei welchem

_____ man arbeiten möchte, kann man auch direkt auf der Homepage des

Unternehmens unter dem Reiter _____ fündig werden.

2.   Richtig oder falsch? Kreuzen Sie an.

R   F

◯   ◯   Im Wochenblatt findet man Anzeigen für freie Stellen in ganz Deutschland.

◯   ◯   Die örtliche Zeitung kostet Geld.

◯   ◯   Eine hochqualifizierte Stelle ist eine Stelle, für die man einen Hochschulabschluss braucht.

◯   ◯   In der Jobbörse der Arbeitsagentur kann man keine Ausbildungen finden.

◯   ◯   Bei der Jobbörse kann man auch von Unternehmen gefunden werden.

◯   ◯   Stellenausschreibungen findet man oft auch direkt auf der Homepage der Firmen.

3.   Besuchen Sie eine Jobbörse im Internet und suchen Sie nach Stellen, die Sie interessieren. Listen Sie diese auf.

_____

_____

_____

_____

_____

_____

11 Große Arbeitgeber

Arbeiten bei den Branchenführern

Viele große Firmen schreiben keine Stellenanzeigen aus. Trotzdem kann man sich jederzeit bewerben. Große Unternehmen suchen fast immer neue Mitarbeiter. Man kann dem Unternehmen einfach eine Bewerbung zuschicken. Es ist hilfreich, wenn man sich vorher die Homepage des Unternehmens anschaut. Dort steht vielleicht, ob die Bewerbung per E-Mail oder Post eingereicht werden soll. Wenn man eine Bewerbung ohne eine Stellenanzeige schreibt, nennt man das „Blindbewerbung" oder „Initiativbewerbung".

Große Unternehmen in Deutschland

Große Unternehmen in Deutschland suchen fast immer neue Mitarbeiter.

⇨ **Siemens und Bosch:** Siemens und Bosch arbeiten international mit **Technologie**. Sie haben auch viele Ausbildungsplätze im Bereich Technik und Kaufmann. Hier können Sie sich informieren:

https://new.siemens.com/de/de/unternehmen/jobs.html oder auf Englisch: https://new.siemens.com/global/en.html

www.bosch-career.de/de oder auf Englisch: www.bosch-career.de/en

⇨ **Die Deutsche Post (DHL Group):** Die Deutsche Post (DHL Group) arbeitet ebenfalls international. Die Post ist ein sehr großes Unternehmen. Sie hat viele Bereiche, in denen man eine Ausbildung machen kann: Kommunikation, **Logistik**, Transport, Management. Hier können Sie sich informieren:

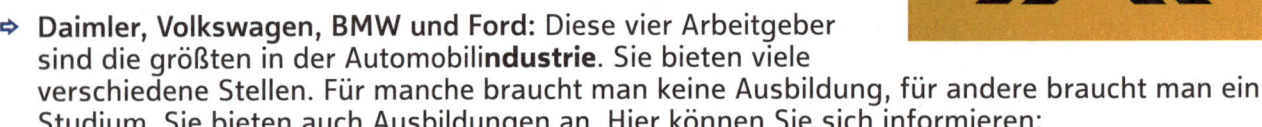

www.dpdhl.com/de/karriere.html

⇨ **Daimler, Volkswagen, BMW und Ford:** Diese vier Arbeitgeber sind die größten in der Automobil**industrie**. Sie bieten viele verschiedene Stellen. Für manche braucht man keine Ausbildung, für andere braucht man ein Studium. Sie bieten auch Ausbildungen an. Hier können Sie sich informieren:

www.daimler.com/karriere

www.volkswagen-karriere.de

www.bmwgroup.com/karriere

www.ford.de/UeberFord/BerufKarriere

⇨ **EDEKA und REWE:** EDEKA und REWE sind die größten Supermärkte in Deutschland. Der Bereich heißt Lebensmittelhandel (Einkauf und Verkauf von Lebensmitteln). Auch sie bieten unterschiedliche Stellen an, entweder in einer Filiale oder im Büro. Hier können Sie sich informieren:

www.edeka-verbund.de/Unternehmen/de/karriere/berufseinstiegbeiedeka.jsp

https://karriere.rewe.de/

⇨ **Deutsche Bahn:** Der Deutschen Bahn (DB) gehört der größte Teil der Züge in ganz Deutschland. Hier kann man ebenfalls viele oft freie Stellen oder Ausbildungen finden. Hier können Sie sich informieren:

https://karriere.deutschebahn.com/karriere-de

die Technologie	die Wissenschaft der Technik	technology	التكنولوجيا
die Logistik	Organisation und Planung	logistics	اللوجستية
die Industrie	Gewinnung und Verarbeitung von Rohstoffen	industry	الصناعة

11 Große Arbeitgeber

Arbeiten bei den Branchenführern

1. Finden Sie die richtigen Endungen zu den Satzanfängen.

1) Alle großen Arbeitgeber in Deutschland ...

    a) ... in verschiedenen Bereichen Stellen und Ausbildungen an.

2) Die meisten großen Arbeitgeber in Deutschland bieten ...

    b) ... international tätig.

3) Wenn man sich auf eine Stelle bewirbt, zu der es keine Anzeige gibt, heißt das ...

    c) ... suchen fast immer neue Mitarbeiter.

4) Nicht alle Jobs bei EDEKA und REWE ...

    d) ... Blindbewerbung oder Initiativbewerbung.

5) Siemens und Bosch sind ...

    e) ... sind in der Filiale. Es gibt auch viele andere Bereiche: Marketing, Verwaltung, Management usw.

1) _____

2) _____

3) _____

4) _____

5) _____

2. Wortgitter. Welche Wörter sind versteckt? Markieren Sie.

R	I	D	U	L	Z	A	D	V	V	T	J
R	V	B	T	C	X	F	R	O	C	D	U
R	Q	S	V	I	T	E	C	L	D	O	D
E	P	I	I	B	E	D	Y	K	V	R	W
W	A	E	U	O	L	E	R	S	I	D	W
E	H	M	S	S	J	K	A	W	S	A	F
C	H	E	K	C	R	A	O	A	T	I	M
Q	Y	N	Y	H	W	G	B	G	C	M	P
M	M	S	T	M	M	R	E	E	A	L	W
D	F	O	H	F	E	C	K	N	M	E	R
H	G	F	O	R	D	B	V	E	P	R	Q
L	O	U	H	C	B	P	Y	B	S	W	H

12 Behörden

Gänge zu Ämtern gehören dazu

Ausländerbehörde

Die Ausländerbehörde erledigt alle Aufgaben zum Aufenthalts-
titel. Die Papiere für den Aufenthalt in Deutschland werden von
der Ausländerbehörde erstellt: Die Duldung, die Aufenthalts-
gestattung, der Ausweis für einen Daueraufenthalt etc. Die
Ausländerbehörde arbeitet mit der Bundesagentur für Arbeit
zusammen.

Integration Point

Wenn es um das Thema Arbeit und Geflüchtete geht, arbeiten Jobcenter und Arbeitsagentur oft
zusammen. Dafür haben sie den Integration Point. Die Aufgabe des Integration Points ist es,
Geflüchteten dabei zu helfen, Arbeit zu finden.

Sozialamt

Beim Sozialamt kann man Sozialhilfe beantragen. Das Sozialamt hilft den Menschen, die nicht arbeiten können oder nicht
arbeiten dürfen. Zum Beispiel, wenn man neu in Deutschland
ist und noch nicht arbeiten darf. In dieser Zeit bekommt man
Hilfe vom Sozialamt.

Finanzamt

In Deutschland muss jeder, der arbeitet, **Steuern** zahlen. Dafür ist das Finanzamt zuständig. Alle
Menschen, die in Deutschland leben, bekommen eine Steuernummer.

Akademisches Auslandsamt

Auch Ausländer können in Deutschland studieren, wenn die Ausbildung passt. Darüber kann man
sich beim Akademischen Auslandsamt informieren. Das Auslandsamt ist immer im gleichen
Gebäude, wie die Universität in einer Stadt.

BAföG-Amt

Wenn das Geld der Eltern nicht reicht, können Studenten Geld vom
Staat bekommen. Diese Unterstützung nennt man BAföG. Am Ende
des Studiums muss man einen Teil des Geldes zurückbezahlen.

die Steuer	Teil des Einkommens, der an den Staat abgegeben werden muss	tax	الضرائب
die Steuererklärung	ein Formular, das alle Ausgaben und Einnahmen in einem Arbeitsjahr erfasst	tax return	بيان ضريبي

12 Behörden

Gänge zu Ämtern gehören dazu

1. Setzen Sie die fehlenden Wörter in die Lücken ein:

Behörden, Steuererklärung, arbeiten, Zeugnisse, Ausländerbehörde, Steuern, Ausland, Dolmetscher, Unterstützung

In Deutschland gibt es viele _____. Jede Behörde ist für einen anderen Bereich

zuständig. Die _____ ist für die Aufenthaltspapiere zuständig. Sie prüft die

Papiere aus dem _____. Auch das Akademische Auslandsamt prüft Papiere aus

dem Ausland. Zum Beispiel die _____ von Schulen, die man besucht hat.

Es ist hilfreich, wenn man einen _____ zu den Behörden mitnimmt.

Die Informationen sind oft sehr wichtig. Menschen, die neu in Deutschland sind, müssen manch-

mal warten, bis sie _____ dürfen. Zu dieser Zeit bekommen sie_____

_____ vom Sozialamt. Auch Menschen, die nicht arbeiten können, werden vom Sozi-

alamt unterstützt. Wenn man eine Arbeit beginnt und _____ zahlt, muss man

am Ende des Jahres beim Finanzamt eine _____ abgeben.

2. Richtig oder falsch? Kreuzen Sie an.

R   F

◯ ◯   Alle Studenten in Deutschland bekommen BAföG.

◯ ◯   Wenn man eine Frage zu seinem Aufenthalt hat, geht man zur Ausländerbehörde.

◯ ◯   Wenn man Steuern zahlt, muss man jedes Jahr eine Steuererklärung abgeben.

◯ ◯   Wenn man ein Studium beginnen möchte, geht man zum Sozialamt.

◯ ◯   Wenn man nicht arbeiten darf, bekommt man Hilfe vom Sozialamt.

3. Verbinden Sie die Begriffe mit der entsprechenden Erklärung.

1) das BAföG-Amt	a) informiert Ausländer über die Möglichkeit eines Studiums in Deutschland
2) das Finanzamt	b) bietet Unterstützung für Studenten bei der Finanzierung des Studiums
3) das Akademische Auslandsamt	c) hilft Geflüchteten dabei, eine Arbeit zu finden
4) der Integration Point	d) ist für die Steuern in Deutschland zuständig
5) das Sozialamt	e) hilft den Menschen, die nicht arbeiten können oder dürfen

12 Behörden

Finanzielle Hilfen bei Arbeitslosigkeit: Arbeitsagenturen und Jobcenter

Wenn man arbeitslos wird, sind die Bundesagentur für Arbeit und das Jobcenter die zuständigen **Behörden**. Beide helfen Menschen bei der Suche nach Arbeit oder einer Ausbildung. Von der Bundesagentur und dem Jobcenter bekommt man auch Geld, das „Arbeitslosengeld". Es gibt Arbeitslosengeld I und Arbeitslosengeld II. Beides muss man beantragen.

Arbeitslosengeld I	Arbeitslosengeld II
⇨ man muss arbeiten können	⇨ man muss arbeiten können
⇨ man muss der Arbeitsagentur mitteilen, dass man Arbeit sucht	⇨ man muss der Arbeitsagentur oder dem Jobcenter mitteilen, dass man Arbeit sucht
⇨ man muss in den letzten zwei Jahren zwölf Monate (oder mehr) gearbeitet haben	⇨ man braucht das Geld zum Leben
⇨ man muss in dieser Zeit Versicherungen bezahlt haben (Arbeitslosenversicherung)	⇨ Wenn man arbeitet, aber das Geld nicht zum Leben reicht, kann man auch Arbeitslosengeld II bekommen. Das nennt man „Aufstockung".
Hilfe	**Hilfe**
⇨ Hilfe und Unterstützung bei der Suche von Arbeit	⇨ Hilfe und Unterstützung bei der Suche von Arbeit
⇨ finanzielle Unterstützung (Geld)	⇨ Miete und Heizkosten werden bezahlt
⇨ die Krankenversicherung wird bezahlt	⇨ finanzielle Unterstützung (Geld)
	⇨ die Krankenversicherung wird bezahlt

Was muss man tun, wenn man Arbeitslosengeld bekommt?

⇨ Man bekommt regelmäßige Termine, zu denen man hingehen muss.

⇨ Man muss versuchen, eine Arbeit zu finden; zum Beispiel Bewerbungen schreiben.

⇨ Man muss sich auf Stellenangebote bewerben, die vorgeschlagen werden.

Wenn man sich nicht daran hält, können Bundesagentur oder Jobcenter beschließen, dass man kein Geld mehr bekommt. Das heißt „Sperre".

Wenn man zu einem Termin nicht erscheinen kann, muss man bei den Behörden anrufen und Bescheid sagen. Wenn man vormittags Schule hat, kann man auch mitteilen, dass man lieber am Nachmittag Termine haben möchte.

die Behörde	staatliches Amt, das für einen bestimmten Bereich zuständig ist	authority	المصلحة الحكومية

12 Behörden

Finanzielle Hilfen bei Arbeitslosigkeit: Arbeitsagenturen und Jobcenter

1. Haben die Personen ein Recht auf Arbeitslosengeld I oder II? Entscheiden Sie.

Max, 50, hat vor einem halben Jahr seine Arbeit verloren. Er hat vier Jahre als Tischler gearbeitet.	
Miriam, 33, ist neu in Deutschland. Sie hat ihre Heimat vor vier Jahren verlassen. Dort war sie Lehrerin. Jetzt sucht sie in Deutschland eine Arbeit.	
Farah, 41, arbeitet seit zehn Jahren als Kellnerin. Ihr Gehalt ist sehr gering und es reicht nicht zum Leben. Deshalb bekommt sie noch einen Teil von den Behörden.	
Adrian, 25, sucht eine Ausbildung zum Bankkaufmann. Er hat vor drei Jahren das Abitur nachgeholt. Danach war er arbeitslos.	
Silke, 45, hat ihre Arbeit als Zahnärztin gekündigt, weil sie unzufrieden mit ihrem Arbeitgeber war. Sie sucht seit drei Monaten eine neue Stelle.	

2. Richtig oder falsch? Kreuzen Sie an.

R   F

◯ ◯ Zu den Terminen der Arbeitsagentur und des Jobcenters muss man hingehen.

◯ ◯ Arbeitslosengeld hilft Menschen, die keine Arbeit haben.

◯ ◯ Wenn man Arbeitslosengeld I bekommt, bezahlt die Behörde auch die Miete.

◯ ◯ Wenn man Arbeitslosengeld II bekommt, bezahlt die Behörde nicht die Krankenkasse.

◯ ◯ Man muss mithelfen, eine Arbeit zu finden.

3. Was müssen Sie unbedingt tun, wenn Sie einen Termin der Arbeitsagentur oder des Jobcenters nicht einhalten können?

_____

_____

_____

_____

_____

13 Formulare ausfüllen

Arbeitslos melden

Wenn man Leistungen (Geld, Beratung, Unterstützung) von der Bundesagentur oder dem Jobcenter haben möchte, muss man sich arbeitslos melden. Das funktioniert mit Formularen. Dafür muss man zu den Behörden gehen. Man kann einen Termin ausmachen oder einfach persönlich vorbeigehen. Das Formular heißt „Arbeitspaket" und hat mehrere Seiten.

Angaben im Arbeitspaket

⇨ persönliche Daten (Name/Vorname, Adresse, Geburtsdatum, Geburtsort, Staatsangehörigkeit, Kinder)
⇨ Schulabschluss
⇨ Studium oder Ausbildung
⇨ Berufserfahrung
⇨ Weiterbildungen
⇨ **Führerschein**
⇨ Sprachen

Diese Informationen brauchen die **Berater**, damit sie sich auf den Termin vorbereiten können. Wenn der Berater viele Informationen hat, kann er schneller helfen, eine Arbeit, eine Ausbildung oder ein Studium zu finden. Es gibt auch Arbeitspakete in einfacher Sprache.

Angaben im Antrag auf Arbeitslosengeld

Für die finanziellen Leistungen (Geld), muss man noch einen zweiten Antrag ausfüllen. Die Bearbeiter brauchen Informationen zu folgenden Punkten:

⇨ Kinder/schwanger
⇨ Partner/verheiratet
⇨ **Behinderung**
⇨ Pflege von Familie
⇨ **Einkünfte**
⇨ **Erbe**

der Berater	eine Person, die einem Tipps gibt	consultant	المستشار
der Führerschein	Ausweis, um Autos fahren zu dürfen	driving licence	رخصة قيادة
die Behinderung	Wenn man durch körperliche Beeinträchtigungen etwas nicht so machen kann, wie andere Menschen.	disability	إعاقة
die Einkünfte	das Gehalt/der Lohn	income	الدخول
das Erbe	das, was ein Mensch anderen Menschen hinterlässt, wenn er stirbt	heritage	الميراث

13 Formulare ausfüllen

Arbeitslos melden

1. Setzen Sie die fehlenden Wörter in die Lücken ein.

Partnerschaft, Arbeitspaket, Miete, sucht, Jobcenter, Werdegang, Schulabschluss

Wenn man in Deutschland eine Arbeit _____, muss man sich arbeitslos melden. Dafür muss man zu den Behörden gehen: zur Bundesagentur für Arbeit oder zum _____.

Wenn man sich arbeitslos meldet, muss man zwei Formulare ausfüllen: den Antrag für das Arbeitslosengeld und das _____ . Im Arbeitspaket muss man Fragen zum persönlichen _____ beantworten. Das bedeutet, man muss Angaben dazu machen, was man in seinem Leben schon gelernt und wo man gearbeitet hat. Dazu gehören Dinge wie der _____, Studium, Ausbildung oder Berufserfahrungen. Im Antrag für das Arbeitslosengeld möchten die Behörden wissen, wie die Wohnsituation ist. Also wie viel _____ man bezahlt und ob man allein, in einer WG oder einer _____ lebt.

2. Und Sie? Machen Sie Angaben zu Ihrer Wohnsituation.

Adresse: _____

Mitbewohner meiner Lebensgemeinschaft: _____

Ich lebe in einer

◯ WG   ◯ Partnerschaft   ◯ allein

Kinder: _____

Mietkosten: _____

Heizkosten: _____

Nebenkosten: _____

Einkommen: _____

Sonstiges: _____

_____

_____

_____

_____

14 Unterstützung

Hilfen bei Bürokratie

In Deutschland muss man häufig Formulare ausfüllen. Das ist oft sogar für Deutsche schwer zu verstehen. Menschen, die Deutsch lernen, haben es noch schwerer. Es gibt Stellen, die Menschen beim Ausfüllen der vielen Formulare unterstützen und Orientierung geben.

Ehrenamtliche Hilfe

In fast allen Städten in Deutschland gibt es Menschen, die anderen Menschen helfen, die neu in Deutschland sind. Sie arbeiten ehrenamtlich. Das bedeutet, dass sie kein Geld für ihre Arbeit bekommen. Oft begleiten die Ehrenamtlichen **Migranten** auch zu den Behörden.

Verbände und Einrichtungen

Es gibt auch Gruppen, die für Arbeit mit Menschen ausgebildet sind. Diesen Beruf nennt man **Sozialarbeiter**. Sozialarbeiter arbeiten bei einem **Wohlfahrtsverband**. Beispiele sind die Caritas, das Deutsche Rote Kreuz (DRK), die Arbeiterwohlfahrt (AWO) oder die Diakonie. Auch hier helfen die Mitarbeiter bei Behördengängen, Papieren und Formularen.

Jugendmigrationsdienst und Migrationsdienst

In vielen Städten gibt es auch den Migrationsdienst und Jugendmigrationsdienst. Hier können alle Migranten hingehen, die ihre Papiere nicht verstehen oder Hilfe brauchen. Der Jugendmigrationsdienst ist speziell für junge Migranten zuständig.

Sprachmittler

Sprachmittler sind Menschen, die ehrenamtlich dolmetschen. Sie sprechen Deutsch und die Sprache der Menschen, die neu in Deutschland sind.

Integrationsbeauftragte

Der Integrationsbeauftragte arbeitet im Rathaus. Er kennt alle Gruppen, die sich mit dem Thema Migration beschäftigen und kann helfen, den richtigen Ansprechpartner zu finden.

der Sozialarbeiter	eine Person, die Pädagogik oder Soziale Arbeit studiert hat	social worker	أخصائي اجتماعي
der Wohlfahrtsverband	eine Einrichtung, die sich um soziale Belange kümmert	charity	جمعية خيرية
die Migranten	Menschen, die nicht in Deutschland geboren sind, aber hier leben	migrants	المهاجرون

14 Unterstützung

Hilfen bei Bürokratie

1. Finden Sie die richtigen Antworten zu den Fragen. Schreiben Sie die Sätze aus.

1) Wer arbeitet in einem Helferkreis?

2) Was ist die AWO?

3) Wann kann man zum Jugendmigrationsdienst gehen?

4) Was ist ein Sprachmittler?

5) Begleitet ein Integrationsbeauftragter Migranten zu Behörden?

a) Wenn man unter 18 Jahre alt und Migrant ist.

b) Eine Person, die die eigene Muttersprache und Deutsch spricht und einen zu Behördengängen begleiten kann.

c) Nein. Aber er kennt die richtigen Ansprechpartner für Migranten in seiner Stadt.

d) Menschen, die anderen Menschen ehrenamtlich helfen.

e) Ein Wohlfahrtsverband, bei dem Sozialarbeiter arbeiten.

1) _____

_____

2) _____

_____

3) _____

_____

4) _____

_____

5) _____

_____

2. Richtig oder falsch? Kreuzen Sie an.

R　F

◯　◯　In Deutschland gibt es viel Bürokratie. Das bedeutet: sehr viele Papiere und Formulare.

◯　◯　Es gibt nur eine Stelle, die Migranten mit ihren Papieren helfen.

◯　◯　In fast jeder Stadt gibt es ehrenamtliche Netzwerke.

◯　◯　Nur in Berlin, Hamburg und München gibt es Migrationsdienste.

◯　◯　Wenn man seine Papiere nicht versteht, darf man nicht verzweifeln. Viele Deutsche verstehen sie auch nicht.

15 Anerkennung von Abschlüssen

Qualifikationen prüfen lassen

Viele Migranten haben in ihrer Heimat einen Schulabschluss gemacht, studiert oder gearbeitet. Wenn man in Deutschland in seinem Beruf arbeiten oder weiter studieren möchte, muss man seine Abschlüsse (Schule, Universität, Arbeit) **anerkennen** lassen. Das bedeutet, dass der deutsche Staat das ausländische Zeugnis akzeptieren muss. Dafür gibt es verschiedene Stellen. Die Zeugnisse müssen immer übersetzt und **beglaubigt** sein, das heißt, dass ein Amt in Deutschland bestätigen muss, dass die Papiere echt sind. Das machen die Ämter mit einem Stempel.

Anerkennung des Schulabschlusses

Wenn man mit einem Studium beginnen oder sein Studium fortsetzen möchte, muss man zu der Anerkennungsstelle der Universität gehen. Die Anerkennungsstelle schaut sich alle Papiere an und entscheidet, ob sie den Schulabschluss anerkennt. Die Anerkennungsstellen der Bundesländer in Deutschland findet man hier: www.anabin.kmk.org

Anerkennung des Studiums

Es gibt im Ausland Universitäten, die staatlich anerkannt sind. Nur wenn die Universität, an der man studiert hat, anerkannt ist, kann das Studium in Deutschland akzeptiert werden. Wenn man nicht weiß, ob die Universität im Ausland staatlich anerkannt ist, kann man hier nachsehen: www.ababin.kmk.org

Manchmal wird ein Studium im Ausland nicht mit einem Studium in Deutschland, sondern mit einer Ausbildung in Deutschland verglichen. Beispiel: Sie haben in Ihrem Heimatland Tourismusmanagement studiert. Nun kann es passieren, dass Deutschland kein Studium, aber eine Ausbildung als Tourismuskaufmann anerkennt. Manchmal wird auch nur ein Teil der Ausbildung oder des Studiums anerkannt. Den anderen Teil kann man dann in Deutschland nachholen.

Anerkennung eines Berufsabschlusses

Wenn der Berufsabschluss aus dem Ausland in Deutschland anerkannt wird, kann man sich sofort bewerben. Man muss keine Ausbildung mehr machen. Das Bundesamt für Migration und Flüchtlinge (BAMF) bietet dazu eine Beratung an. Die „Hotline Arbeiten und Leben in Deutschland" hat die Telefonnummer:
0049 30 1815 1111. Die Mitarbeiter am Telefon erklären, wo man hingehen muss, um einen Beruf anerkennen zu lassen.

die Beglaubigung	der Nachweis darüber, dass ein Dokument echt ist	authentication	التصديق
die Anerkennung	hier: wenn ein deutsches Amt ein Dokument aus dem Ausland akzeptiert	recognition	الاعتراف

15 Anerkennung von Abschlüssen

Qualifikationen prüfen lassen

1. Lückentext. Fügen Sie die richtigen Wörter in die Lücken ein.

Abschlüsse, studieren, Teil, Heimatland, Schulabschluss, Ausbildung

Wenn man in seinem _____ eine Ausbildung, ein Studium oder einen

Berufsabschluss gemacht hat, kann man diesen in Deutschland anerkennen lassen. Doch nicht alle

Berufe und _____ können anerkannt werden. Wenn man an einer Universität

studiert hat, die nicht vom Staat anerkannt ist, sieht es schlecht aus. Manchmal wird auch nur ein

_____ des Studiums in Deutschland anerkannt. Dann muss man zwar noch einmal

studieren, aber man braucht nur noch einen Teil nachzuholen.

Auch einen _____ kann man sich in Deutschland anerkennen lassen. Das

muss man aber nur, wenn man _____ möchte. Für eine Bewerbung für eine

Arbeit oder eine _____ reicht es, das Zeugnis übersetzen und beglaubi-

gen zu lassen.

2. Kennen Sie Studiengänge in Deutschland? Listen Sie auf.

_____

_____

_____

_____

_____

_____

3. Richtig oder falsch? Kreuzen Sie an.

R   F

◯ ◯   Anerkennung bedeutet, dass der deutsche Staat ausländische Dokumente akzeptiert.

◯ ◯   Zeugnisse müssen nicht immer übersetzt und beglaubigt sein.

◯ ◯   Nur wenn die Universität, an der man studiert hat, anerkannt ist, kann das Studium in Deutschland akzeptiert werden.

◯ ◯   Berufsabschlüsse können nicht anerkannt werden.

◯ ◯   Wenn der Berufsabschluss aus dem Ausland in Deutschland anerkannt wird, kann man sich sofort bewerben. Man muss vorher jedoch eine Ausbildung machen.

16 Arbeitserlaubnis

In Deutschland arbeiten dürfen

Manche Ausländer, die in Deutschland arbeiten möchten, brauchen eine Arbeitserlaubnis. Die Arbeitserlaubnis wird auch Arbeitsgenehmigung oder Arbeitsmarktzugang genannt. Asylbewerber haben in den ersten drei Monaten in Deutschland keine Arbeitserlaubnis und dürfen nicht arbeiten.

Wer braucht keine Arbeitserlaubnis?

⇨ Ausländer aus der Europäischen Union (EU), der Schweiz und dem Europäischen Wirtschafts-raum
⇨ Ausländer mit Aufenthaltsgenehmigung von mindestens drei Jahren

Wer braucht eine Arbeitserlaubnis?

⇨ Menschen, die eine Duldung haben
⇨ Menschen, die noch auf ihren Bescheid vom Bundesamt warten. Sie haben eine Aufenthalts-gestattung.

Wie funktioniert das?

Wenn Sie eine Stelle gefunden haben, gehen Sie zur Ausländerbehörde. Die Ausländerbehörde entscheidet zusammen mit der Bundesagentur für Arbeit, ob Sie die Stelle annehmen dürfen.

Die Bundesagentur für Arbeit prüft, ob es Nachteile für deutsche Staatsbürger gibt, wenn Sie die Stelle bekommen. Sie prüft auch die Arbeitsbedingungen, zum Beispiel, ob die Bezahlung ange-messen ist (Mindestlohn), es **faire** Arbeitszeiten und eine faire Urlaubsregelung gibt. Wenn Aus-länder schon lange in Deutschland sind, prüft die Bundesagentur nur noch die Bedingungen, nicht mehr die Nachteile für deutsche Staatsbürger.

Wenn die Ausländerbehörde den Antrag ablehnt, kann man mit einem Anwalt **Widerspruch einle-gen**. Dabei sollte man sich aber gut beraten lassen.

fair	gerecht	fair	عادل
gegen etwas Wider-spruch einlegen	sich beschweren; sagen, dass ein Urteil nicht richtig ist	to object to something	يقدم طعناً على

16 Arbeitserlaubnis

In Deutschland arbeiten dürfen

1. Dürfen die Personen arbeiten oder nicht? Entscheiden Sie.

Daniela, 40, kommt aus Rumänien. Ihre Familie hat einen Eisladen in München. Sie möchte im Sommer ein paar Monate dort arbeiten.	
Daja, 23, kommt aus Syrien. Sie ist seit zwei Jahren in Deutschland und macht eine Ausbildung als Tierärztin. Ihre Aufenthaltserlaubnis besteht für drei Jahre und sie wird verlängert.	
Juan, 33, ist Spanier. Er möchte in Deutschland ein großes Business starten.	
Irina, 51, kommt aus Georgien. Sie lebt seit vier Jahren in Deutschland. Ihr Asylantrag wurde abgelehnt, aber sie wird in Deutschland geduldet.	
Nana, 48, kommt aus Ghana. Sie hat einen Antrag auf Asyl gestellt und wartet noch auf die Antwort vom Bundesamt.	

2. Richtig oder falsch? Kreuzen Sie an.

R   F

◯ ◯   Die Ausländerbehörde entscheidet allein, ob Sie arbeiten dürfen oder nicht.

◯ ◯   Die Bundesagentur für Arbeit prüft die Arbeitsbedingungen.

◯ ◯   Gegen die Entscheidung der Ausländerbehörde kann man nichts machen.

◯ ◯   Asylbewerber dürfen in den ersten drei Monaten in Deutschland nicht arbeiten.

3. Was müssen Sie tun, wenn Sie eine Stelle gefunden haben?

_____

_____

4. Welche Bedingungen müssen von der Ausländerbehörde geprüft werden, bevor Sie Ihre Stelle antreten können?

_____

_____

_____

17 Arbeitsvertrag

Den Job besiegeln

Egal ob **Festanstellung**, Minijob, Aushilfsjob oder Praktikum. Jeder braucht einen Arbeitsvertrag. Der Arbeitsvertrag ist sehr wichtig.

Inhalt des Arbeitsvertrages

⇨ Name und Adresse des Arbeitgebers

⇨ Name und Adresse des Arbeitnehmers

⇨ **befristeter Vertrag:** Beginn und Ende der Beschäftigung

⇨ unbefristeter Vertrag: Beginn der Beschäftigung

⇨ Arbeitsort

⇨ Art der Tätigkeit (Was genau sind die Aufgaben?)

⇨ Höhe des Gehalts (Wie viel verdient man?)

⇨ Weihnachtsgeld und Urlaubsgeld

⇨ Datum der Auszahlung des Gehalts

⇨ Arbeitszeiten

⇨ Überstunden (Was passiert, wenn man Überstunden macht: bekommt man mehr Geld oder kann man sich an einem anderen Tag freinehmen?)

⇨ Urlaubstage im Jahr

⇨ **Probezeit** (zwischen drei und sechs Monaten)

⇨ Kündigungsfrist (wenn man kündigen möchte: wann muss man die Kündigung beim Arbeitgeber einreichen?)

Sind alle diese Punkte aufgeschrieben, kann man sich bei Problemen beschweren und sich auf den Arbeitsvertrag berufen. Zwei Beispiele:

Michael arbeitet als Kellner in einem großen Restaurant. In seinem Arbeitsvertrag steht unter dem Punkt „Art der Tätigkeit": Bedienen der Gäste, Tische abräumen und am Abend die Abrechnung machen." Seit drei Wochen möchte sein Chef, dass er am Abend auch das Restaurant reinigt. Hier kann Michael sich auf die Regelung in seinem Arbeitsvertrag berufen.	Özlem arbeitet als Deutschlehrerin in einer Sprachschule. In ihrem Arbeitsvertrag steht, dass sie ihr Gehalt immer zum 15. des Monats bekommt. Die Sprachschule überweist das Geld aber immer erst am 20. des Monats. Hier kann Özlem sich auf die Regelung in ihrem Arbeitsvertrag berufen.

die Festanstellung	fest bei einer Firma eingestellt sein, Teilzeit oder Vollzeit	permanent employment	يتعيين بشكل ثابت
der befristete Vertrag	für eine bestimmte Zeit eingestellt sein (z. B. ein Jahr)	fixed-term contract	عقد مؤقت
die Probezeit	Arbeitszeit auf Probe (Testzeit)	probationary period	فترة تجريبية

17 Arbeitsvertrag

Den Job besiegeln

1. Sie sind Chef einer großen Firma. Füllen Sie den Arbeitsvertrag für Ihren Mitarbeiter aus.

6 Monate, Gaststätte „Urfa", 30 Tagen, 38 Stunden, Beratung und Betreuung der Gäste, Frau Siebert, 2 200,00 €, 4 Wochen, 01.08.2019, Vertrages, Servicekraft

---

Arbeitsvertrag

zwischen

_____

und

Frau/Herrn _____

§ 1 Beginn des Arbeitsverhältnisses

Der Arbeitnehmer wird ab dem _____ eingestellt.

§ Tätigkeitsbereich

Der Arbeitnehmer übernimmt die Stelle als _____. Seine Aufgaben sind:

_____.

§ Befristung/Beendigung des Arbeitsverhältnisses

Das Arbeitsverhältnis endet mit Ablauf des _____, ohne dass es einer ausdrücklichen Kündigung bedarf. Als Probearbeitszeit werden _____ vereinbart. Während der Probezeit kann das Arbeitsverhältnis von beiden Seiten unter Einhaltung der Frist von zwei Wochen gekündigt werden. Während der Befristung ist eine ordentliche Kündigung des Arbeitsvertrages für beide Seiten unter Einbehaltung einer Frist von _____ _____ möglich.

§ Vergütung

Die monatliche Bruttovergütung beträgt _____ Euro. Die Vergütung wird jeweils am Ende eines Monats gezahlt. Die Zahlung von etwaigen Sondervergütungen (Urlaubsgeld, Prämien etc.) erfolgt in jedem Einzelfall freiwillig.

§ Arbeitszeit

Die regelmäßige Arbeitszeit beträgt wöchentlich _____. Der Arbeitgeber ist berechtigt, aus dringendem betrieblichem Anlass Überstunden anzuordnen.

§ Urlaubsanspruch

Der Arbeitnehmer hat einen jährlichen Urlaubsanspruch von _____.

18 Gehalt und Lohn

Geld verdienen

Wenn man Geld verdient, bekommt man entweder Lohn oder Gehalt.

Tarifverträge

In manchen Branchen gibt es sogenannte „Tarifverträge". Das bedeutet: Der Arbeitgeber und die Gewerkschaft haben sich gemeinsam auf einen Lohn für eine Arbeit geeinigt. Sie schließen zusammen den Tarifvertrag. In diesem Vertrag steht dann, wie viel ein Mitarbeiter verdient.

Verhandeln

Nicht alle Arbeitgeber sind an Tarifverträge gebunden. Ohne Tarifvertrag muss man sein Gehalt mit dem Arbeitgeber aushandeln. Man kann nicht nur über das Gehalt verhandeln, auch über Arbeitszeit, Urlaub usw.

Ausbildung

Wie viel man in einer Ausbildung verdient, ist sehr unterschiedlich. Man bekommt jedoch weniger als die anderen Mitarbeiter. Das Gehalt steigt jedes Ausbildungsjahr an.

Mindestlohn

Der Mindestlohn ist relativ neu in Deutschland. Es gibt ihn seit 2015. Mindestlohn bedeutet: alle Menschen in Deutschland müssen mindestens 9,19 € (**brutto**) in der Stunde bekommen, nicht weniger. Auch wenn man ein Praktikum macht, das länger als drei Monate dauert, muss der Arbeitgeber den Mindestlohn zahlen. Eine Ausnahme stellen Menschen dar, die unter 18 Jahre alt sind sowie z. B. Menschen, die schon eine sehr lange Zeit ohne Arbeit sind (s. Grafik).

Gehalt bekommen

Wann das Gehalt überwiesen wird, steht im Arbeitsvertrag. Es kommt meistens in der Mitte des Monats oder am Ende des Monats. Der Arbeitgeber überweist das Geld auf das Konto des Arbeitnehmers. Außerdem bekommt der Arbeitnehmer mit der Post eine Gehaltsabrechnung (Lohnabrechnung). Da steht genau aufgelistet, wie viel man bekommt und wie viel der Arbeitgeber (z. B. für die Krankenversicherung) abgezogen hat.

Ausnahmen vom Mindestlohn

Seit 2015 gibt es in Deutschland einen flächendeckenden **gesetzlichen Mindestlohn**. Seit Januar 2019 beträgt er **9,19 Euro brutto pro Stunde.**

KEINEN MINDESTLOHN BEKOMMEN:

Langzeitarbeitslose in den ersten sechs Monaten einer neuen Beschäftigung

Praktikanten generell bei Pflichtpraktika, bei freiwilligen Praktika bis zu drei Monaten

Jugendliche unter 18 Jahren ohne Berufsabschluss

Jugendliche, die an einer **Einstiegsqualifizierung*** teilnehmen

Auszubildende während ihrer Berufsausbildung

Personen, die ein **Ehrenamt** ausüben

*als Vorbereitung für eine Berufsausbildung u. ä.

13054   © Globus   Stand Januar 2019   Quelle: Bundesarbeitsministerium, DGB

brutto	Gehalt ohne Abzüge (Steuern, Versicherungen etc.)	gross	إجمالي
netto	Gehalt nach Abzügen	net	صافي

18 Gehalt und Lohn

Geld verdienen

1.　Lückentext. Fügen Sie die richtigen Wörter in die Lücken ein.

Konto, verdienen, aushandeln, Lohn, Arbeitsvertrag, Urlaub, Höhe, Tarifverträge, Urlaubsgeld

Ist man Arbeitnehmer, bekommt man monatlich einen _____ oder ein Gehalt auf

sein _____ überwiesen. Ein Gehalt hat immer dieselbe _____.

Bei einem Lohn kann die Höhe des Betrags unterschiedlich sein. Wie hoch das Gehalt ist, steht im

_____. Manche Unternehmen haben _____.

Darin steht, wie viel die Mitarbeiter verdienen. Wenn es keine Tarifverträge gibt, muss man sein

Gehalt _____. Zur Aushandlung gehört auch Weihnachtsgeld oder

_____. Man kann auch Arbeitszeiten und _____ aus-

handeln. Darüber sollte man sich bereits vor dem Gespräch Gedanken machen und sich darauf

vorbereiten. Man kann zum Beispiel im Internet recherchieren, was andere Menschen bei dieser

Arbeit _____.

2.　Richtig oder falsch? Kreuzen Sie an.

R　F

◯　◯　Der Lohn ist jeden Monat gleich.

◯　◯　Der Mindestlohn beträgt brutto 8,84 Euro.

◯　◯　Der Arbeitgeber muss dem Mitarbeiter monatlich eine Gehaltsabrechnung/Lohnabrech-
　　　　nung zuschicken.

◯　◯　Das Gehalt einer Ausbildung wird jedes Jahr mehr.

◯　◯　Den Mindestlohn gibt es in Deutschland schon seit 1980.

◯　◯　Arbeitgeber, die mit Gewerkschaften Tarifverträge abgeschlossen haben, müssen das
　　　　festgelegte Gehalt zahlen.

3.　Seit wann gibt es den Mindestlohn in Deutschland und wer hat Anspruch darauf?

_____

_____

_____

_____

19 Versicherungen

Abgesichert im Beruf

Wenn man in Deutschland arbeitet, wird auch das Thema Versicherungen wichtig. Wenn man angestellt ist (das bedeutet, wenn man *nicht* **selbstständig** ist und nicht mehr als 450,00 € im Monat verdient), ist man **pflichtversichert**. Pflichtversichert zu sein bedeutet, dass man sich nicht dazu entscheiden kann, *nicht* versichert zu sein. Man *muss* versichert sein. Diese Versicherungen heißen Sozialversicherungen.

gesetzliche Krankenversicherung	gesetzliche Pflegeversicherung
Immer, wenn man einen Arbeitsvertrag bekommt, ist man auch krankenversichert. Den monatlichen **Beitrag** für die Krankenversicherung teilen sich Arbeitgeber und Arbeitnehmer. Die Versicherungen heißen Krankenkassen. Es gibt viele verschiedene Krankenkassen in Deutschland. Eine Krankenkasse kann man sich selbst aussuchen (TKK, BARMER, DAK, AOK ...)	Ist man in der Krankenversicherung, so ist man auch in der Pflegeversicherung. Wenn dem Arbeitnehmer etwas passiert (Unfall, Krankheit) und er Pflege braucht, bekommt er Hilfe aus der Pflegeversicherung. Den Beitrag teilen sich auch Arbeitgeber und Arbeitnehmer.
gesetzliche Arbeitslosenversicherung	**gesetzliche Rentenversicherung**
Alle Menschen, die arbeiten, sind in der Arbeitslosenversicherung. Wenn man seinen Job kündigt, verliert oder aus anderen Gründen arbeitslos wird, bekommt man Hilfe aus der Arbeitslosenversicherung. Das nennt man Arbeitslosengeld. Auch hier teilen sich Arbeitnehmer und Arbeitgeber den Beitrag.	Angestellte (Arbeitnehmer mit Arbeitsvertrag) sind auch in der Rentenversicherung. Aus der Rentenversicherung bekommt man Geld, wenn man alt ist und nicht mehr arbeitet. Das nennt man Rente. Auch diesen Beitrag teilen sich Arbeitgeber und Arbeitnehmer.
gesetzliche Unfallversicherung	**Beiträge**
Auch die Unfallversicherung gehört zu den Pflichtversicherungen in Deutschland. Sie sichert den Arbeitnehmer gegen Arbeitsunfälle, Berufskrankheiten oder Gefahren am Arbeitsplatz ab. Der Arbeitgeber zahlt den Beitrag. Der Beitrag ist sehr unterschiedlich. Wenn der Beruf sehr gefährlich ist, bezahlt er auch mehr.	Die Beiträge der Sozialversicherung sind unterschiedlich. Das kommt darauf an, wie viel man verdient. Wenn man mehr verdient, sind die Beiträge auch höher. Krankenkasse: 14,60 % Pflegeversicherung: 3,05 % Arbeitslosenversicherung: 2,50 % Rentenversicherung: 18,60 %

pflichtversichert sein	man muss gesetzlich versichert sein	to have compulsory insurance	يخضع للتأمين الإلزامي
der Beitrag	monatliche Zahlung an eine Versicherung	contribution	المبلغ الثابت

19 Versicherungen

Abgesichert im Beruf

1.   Welche Versicherung ist wann zuständig? Fügen Sie ein.

Emil ist 72 Jahre alt und in Rente. Er hatte einen Schlaganfall. Seine Beine sind gelähmt. Zuhause hat er eine Pflegekraft, die ihn jeden Tag besucht. Die Pflegekraft zahlt seine ...	
Max ist 33 und hat seinen Job verloren, weil sein Chef unzufrieden mit ihm war. Er sucht seit vielen Monaten eine neue Stelle. Seinen Lebensunterhalt zahlt seine ...	
Jelena, 24, arbeitet in einem Beratungsbüro. In ihrer Freizeit geht sie gerne reiten. Vor einer Woche hatte sie einen Unfall. Sie muss jetzt im Krankenhaus operiert werden. Die Operation zahlt ihre ...	
Hussein, 67, hat 40 Jahre in einer KFZ-Werkstatt gearbeitet. Jetzt muss er nicht mehr arbeiten. Seine Rente zahlt seine ...	

2.   Richtig oder falsch? Kreuzen Sie an.

R   F

◯ ◯   Die Arbeitslosenversicherung teilen sich Arbeitgeber und Arbeitnehmer.

◯ ◯   Die Berufsunfähigkeitsversicherung teilen sich Arbeitgeber und Arbeitnehmer.

◯ ◯   Wenn man krankenversichert ist, ist man automatisch pflegeversichert.

◯ ◯   Wie viel der Arbeitgeber für den Arbeitnehmer bezahlt hat, steht auf der Abrechnung.

◯ ◯   Man kann frei wählen, ob man krankenversichert sein möchte.

◯ ◯   Man kann frei wählen, wo man krankenversichert sein möchte.

3.   Recherchieren Sie verschiedene Krankenkassen im Internet und vergleichen Sie deren Beiträge/Tarife.

_____

_____

_____

_____

20 Wie eine Firma funktioniert

Wer trägt welche Verantwortung?

Wer trifft die Entscheidungen? Wie funktioniert das System eines Unternehmens? Wer hat welche Aufgaben?

Wenn man neu in einem Unternehmen ist, sind diese Fragen sehr wichtig. Wenn man nicht weiß, mit wem man sprechen muss, kann man seine Arbeit nicht gut machen. Die Organisation der Mitarbeiter und der Verantwortungen nennt man **Hierarchie**:

Geschäftsführer/
Vorstand

Hauptabteilungsleiter

Abteilungsleiter und
Führungskräfte

Mitarbeiter, die in den Abteilungen
zusammenarbeiten (z. B. Verkäufer)

Große Firmen mit vielen Mitarbeitern haben oft viele Stationen. Viele Mitarbeiter haben den **Vorstand** oder den Geschäftsführer nur auf Fotos gesehen. In kleinen Betrieben ist das oft anders. Dann gibt es zum Beispiel nur eine Person, die der Chef ist. Das nennt man „flache Hierarchie".

Sie oder Du?

Ob man in der Firma „Du" oder „Sie" sagt, kommt auf die Kultur an. In manchen Firmen werden alle gesiezt, in anderen Firmen werden alle geduzt und in vielen (großen) Unternehmen heißt es sowohl Du als auch Sie. Zum Beispiel sagt man „Du" zu seiner Kollegin im Verkauf, aber den Abteilungsleiter und Geschäftsführer siezt man.

Das kann man natürlich am Anfang nicht wissen. Deshalb ist es immer am besten, man siezt alle, wenn man neu in einer Firma ist. Wenn die Kollegen dem neuen Mitarbeiter sagen: „Du kannst ‚Du' zu mir sagen", dann kann man auch „Du" und den Vornamen benutzen.

die Hierarchie	hier: Rangordnung innerhalb eines Unternehmens	hierarchy	التدرج
der Vorstand	oberste Ebene eines Unternehmens	board of management	مجلس الإدارة

20 Wie eine Firma funktioniert

Wer trägt welche Verantwortung?

1.   Lückentext. Fügen Sie die fehlenden Wörter in die Lücken ein.

flache Hierarchie, Sachbearbeiter, erkundigen, Ansprechpartner, Entscheidungen

Firmenhierarchie bedeutet, dass es Personen in einer Firma gibt, die mehr _____

treffen   als   andere   Personen.   Ein   Abteilungsleiter   trägt   mehr   Verantwortung   als   ein

_____. Wenn man in einer Firma arbeitet, die viele Mitarbeiter und viele Stufen

hat, muss man genau wissen, wer bei welchem Thema der richtige _____

ist. Kleine Firmen haben oft nur zwei Stufen. Das nennt man _____.

Wenn man ein neuer Mitarbeiter in einer Firma ist, sollte man sich immer gut _____,

wie die Firma aufgebaut ist.

2.   Richtig oder falsch? Kreuzen Sie an.

R   F

◯ ◯   Alle Unternehmen haben eine Hierarchie.

◯ ◯   Entweder, alle Kollegen werden gesiezt, oder alle werden geduzt.

◯ ◯   Wenn ich neu in einer Firma bin, kann ich den Kollegen das „Du" anbieten.

◯ ◯   Der Hauptabteilungsleiter steht über der Führungskraft.

◯ ◯   Die Führungskraft kann mehr Entscheidungen treffen als der Vorstand.

3.   Betrachten Sie ein Unternehmen Ihrer Wahl und überlegen Sie, wie die Hierarchie dort aussehen könnte. Notieren Sie.

_____

_____

_____

_____

_____

_____

_____

21 Familie und Beruf

Job und Kinder vereinbaren

In Deutschland sind Frauen und Männer berufstätig. Auch wenn Frauen ein Kind bekommen, bleiben viele weiter im Beruf. Viele bleiben aber auch eine Zeit mit den Kindern zu Hause. Es gibt auch Männer, die mit den Kindern zu Hause bleiben, wenn die Frau arbeiten geht.

Mutterschutz

Mutterschutz bedeutet, dass die Frau, die ein Kind bekommt, eine bestimmte Zeit nicht arbeiten muss, bzw. darf. Sie ist durch das Gesetz geschützt. Die Zeit beginnt sechs Wochen vor dem Geburtstermin und endet acht Wochen nach der Geburt.

Elternzeit

Nach dem Mutterschutz beginnt die Elternzeit. Jeder Arbeitnehmer hat ein Recht auf Elternzeit, auch Männer. Sie endet dann, wenn das Kind drei Jahre alt ist. Eltern können entscheiden, wie lange sie Elternzeit nehmen wollen. Das besprechen sie mit ihrem Arbeitgeber. Man darf während der Elternzeit maximal 30 Stunden pro Woche arbeiten. Es ist wichtig, das mit dem Arbeitgeber zu besprechen, damit die Firma planen kann.

Teilzeit

Viele Eltern wollen beides: Viel Zeit mit ihrem Kind verbringen und weiter arbeiten. Dann können sie sich entscheiden, in Teilzeit zu arbeiten. Es gibt viele Firmen in Deutschland, die „familienfreundlich" sind. Das bedeutet, dass es möglich ist, die Arbeitszeit zu verkürzen oder von zu Hause aus zu arbeiten. Oft arbeitet ein Elternteil in Vollzeit und ein Elternteil in Teilzeit.

Kinderbetreuung

Wenn die Eltern arbeiten, muss das Kind betreut sein. Viele Eltern bekommen Hilfe von ihren Familien. Viele Kinder gehen aber auch in die Kinderbetreuung. Sind die Kinder kleiner als drei Jahre, gehen sie in die „Kinderkrippe", in die „Kindertagesstätte" oder zu einer **„Tagesmutter"**. Kinder, die älter sind als drei Jahre können in den Kindergarten gehen. Kinder, die schon zur Schule gehen, können in die Schulbetreuung gehen.

Wichtig: In Deutschland gibt es nicht genug Betreuungsplätze. Man muss sich sehr früh für einen Platz anmelden.

Gleichberechtigung

Männer und Frauen sind gleichberechtigt. Das gilt auch für Ausbildung und Beruf. Oft haben es Frauen noch schwer, in der Gesellschaft akzeptiert zu werden. Beispiele:

⇨ Wenn die Frau früh wieder arbeiten geht.

⇨ Wenn der Mann zu Hause bleibt und die Frau arbeiten geht.

⇨ Wenn eine Frau einen handwerklichen Beruf oder ein Mann z. B. den Beruf „Erzieher" ausübt.

die Tagesmutter	eine Erzieherin/ein Erzieher, die oder der zum Kind nach Hause kommt	childminder	مربية نهارية

21 Familie und Beruf

Job und Kinder vereinbaren

1. Finden Sie die richtigen Antworten zu den Fragen.

1) Wo kann man sein Kind hinbringen, wenn es erst ein Jahr alt ist?

a) Acht Wochen nach der Entbindung.

2) Wann endet der Mutterschutz?

b) Wenn das Kind drei Jahre alt wird.

3) Wann endet die Elternzeit?

c) 30 Stunden.

4) Wo kann mein Kind betreut werden, wenn es älter ist als drei Jahre?

d) In die Kinderkrippe.

5) Wie viele Stunden darf man während der Elternzeit arbeiten?

e) Im Kindergarten oder in der Schulbetreuung.

1) _____

_____

2) _____

_____

3) _____

_____

4) _____

_____

5) _____

_____

2. Richtig oder falsch? Kreuzen Sie an.

R F

◯ ◯ Nur die Frau darf Elternzeit nehmen. Der Mann muss arbeiten.

◯ ◯ Nur die Frau darf Mutterschutz nehmen. Der Mann muss arbeiten.

◯ ◯ Frauen sind selten in Führungspositionen, obwohl sie gleichberechtigt sind.

◯ ◯ Man muss sich rechtzeitig für einen Betreuungsplatz anmelden.

◯ ◯ Wenn das Kind jünger als ein Jahr ist, gibt es keine Betreuung.

22 Auch Frauen können führen

Gleichberechtigung am Arbeitsplatz

In welchen Berufen arbeiten Männer und Frauen in Deutschland?

Frauen und Männer sind vor dem Gesetz gleichberechtigt. Beide können den Beruf, die Ausbildung oder das Studium frei wählen. Es gibt keine „Männerberufe", von denen Frauen ausgeschlossen sind, und auch keine „Frauenberufe", von denen Männer ausgeschlossen sind. Trotzdem gibt es auch in Deutschland noch gesellschaftliche Probleme mit der Gleichberechtigung.

Frauen können z. B. im Handwerk, als Ingenieurinnen oder als Programmiererinnen arbeiten. Männer können z. B. als Krankenpfleger, Kindergärtner, im Kosmetiksalon oder als **Florist** arbeiten. In der Realität kommt das aber noch eher selten vor. Das soll sich in Zukunft ändern.

Frauen in Führungspositionen

Auch Frauen können Chefin in einer Firma oder von einer Abteilung sein. Wichtig sind eine gute Ausbildung, die persönlichen **Fähigkeiten** und die Berufserfahrung. Dafür haben die Frauen lange gekämpft. Auch heute kämpfen noch viele Frauen für bessere Chancen auf Führungspositionen. Es soll in Zukunft mehr Möglichkeiten geben, Kinder und Arbeit zu **vereinbaren.**

Besonders eine Führungsposition ist für eine Frau in Deutschland sehr schwer zu bekommen. In manchen Firmen gibt es deshalb eine „Frauenquote". Das bedeutet, dass die Firma eine bestimmte Zahl von Frauen in wichtigen Positionen einstellen muss.

der Florist	mit Blumen und Pflanzen arbeiten (Ausbildungsberuf)	florist	بائع زهور
die Fähigkeit	das, was man gut kann	skill	القدرة
etwas vereinbaren	hier: etwas zusammen/ gleichzeitig machen	to arrange something	يتفق على شيء

22 Auch Frauen können führen

Gleichberechtigung am Arbeitsplatz

1. Richtig oder falsch? Kreuzen Sie an.

R   F

◯ ◯ In Deutschland können Frauen keine schweren Arbeiten durchführen.

◯ ◯ Männer können im Kindergarten arbeiten.

◯ ◯ Männer und Frauen können frei wählen, wo sie arbeiten möchten.

◯ ◯ Männer sind öfter in Führungspositionen als Frauen.

◯ ◯ Für Frauen ist es kein Problem, Familie und Arbeit zu vereinbaren.

2. Gibt es Gemeinsamkeiten und/oder Unterschiede zu Ihrem Heimatland? Listen Sie auf.

_____

_____

_____

_____

_____

_____

_____

3. Welche Gründe könnte es dafür geben, dass Frauen noch immer seltener in Führungspositionen arbeiten als Männer? Was könnte aus Sicht des Staates und der Gesellschaft verbessert werden? Sammeln Sie Argumente und diskutieren Sie diese.

_____

_____

_____

_____

_____

_____

_____

23 Den Arbeits-Knigge verstehen

Gutes Benehmen am Arbeitsplatz/Pünktlichkeit und Umgang mit eigenen Fehlern

Wenn man neu in Deutschland ist, ist man oft unsicher, wie man sich in bestimmten Situationen verhalten soll. Das ist auch gar nicht so einfach. Hier sind ein paar Regeln, die helfen können:

Allgemeines

⇨ Seien Sie pünktlich.

⇨ Stellen Sie sich den neuen Kollegen vor.

⇨ Wenn Sie etwas nicht verstehen, fragen Sie. Das ist nicht unhöflich, sondern wichtig.

Kleidung

⇨ In Deutschland gilt es als unhöflich, bei der Arbeit Mützen oder Cappies zu tragen. Diese sollten Sie abnehmen, sobald Sie mit der Arbeit beginnen.

⇨ Allgemein gilt: Sie müssen sich in Ihrer Kleidung wohlfühlen. Nicht in allen Berufen gibt es einen **„Dresscode"**. Aber wenn Sie zum Beispiel in einer Bank arbeiten, sollten Sie einen Anzug tragen. Orientieren Sie sich am besten an anderen Mitarbeitern in Ihrer Firma.

Pünktlichkeit

Nicht alle Deutschen sind pünktlich. Das ist ein Vorurteil. Es gibt auch viele Deutsche, die unpünktlich sind. Bei der Arbeit ist es sehr wichtig, pünktlich zu sein und sich an Termine zu halten. Kommt man zu oft zu spät zur Arbeit, kann eine Abmahnung durch den Chef erfolgen. Nach mehrmaliger Abmahnung kann auch eine Kündigung ausgesprochen werden. Auch bei Terminen mit Kollegen oder **Meetings** in der Firma sollte man pünktlich sein. Natürlich kommt jeder einmal zu spät: Der Bus hat Verspätung, das Auto ist kaputt oder man hat verschlafen. Das ist ganz normal. Sie sollten Ihre Kollegen und Ihren Chef immer informieren, wenn Sie zu spät kommen. Eine kurze Nachricht oder ein Anruf reicht meistens aus.

Neu am Arbeitsplatz

Wenn Sie neu in einer Firma sind und etwas nicht verstehen, dann fragen Sie. Hier sind einige Sätze, die Ihnen dabei helfen können:

⇨ Es tut mir leid, dass ich störe, aber ich bräuchte dringend Ihre Hilfe.

⇨ Entschuldigung, könnten Sie das wiederholen?

⇨ Entschuldigen Sie, ich habe Ihren Namen nicht verstanden. Wie heißen Sie?

⇨ Könnten Sie mir einen **Gefallen** tun?

⇨ Könnten Sie mir zeigen, wie das funktioniert?

⇨ Ich richte mich ganz nach Ihnen. Wann würde es Ihnen passen?

⇨ Ich möchte mich dafür entschuldigen, dass ich den Termin verpasst habe.

der Dresscode	ein vorgeschriebener Stil der Kleidung	dress code	قواعد اللبس
das Meeting	das Treffen (in der Firma), die Besprechung	meeting	مقابلة
der Gefallen	etwas für jemanden machen	favour	المعروف

23 Den Arbeits-Knigge verstehen

Gutes Benehmen am Arbeitsplatz/Pünktlichkeit und Umgang mit eigenen Fehlern

1. Finden Sie Gemeinsamkeiten zu den Regeln am Arbeitsplatz in Ihrem Heimatland. Schreiben Sie diese auf und tauschen Sie sich im Kurs aus.

_____

_____

_____

_____

_____

_____

_____

_____

_____

_____

2. Haben Sie noch weitere Fragen zu Regeln im deutschen Arbeitsleben? Schreiben Sie die Fragen auf und besprechen Sie sie gemeinsam im Kurs.

_____

_____

_____

_____

_____

_____

_____

_____

_____

_____

_____

23 Den Arbeits-Knigge verstehen

Der richtige Umgangston am Arbeitsplatz

Die richtige Begrüßung

Ein gutes Gespräch beginnt mit einer freundlichen Begrüßung. Dies schafft von Anfang an eine angenehme Atmosphäre und sorgt für einen weiteren positiven Gesprächsverlauf. Ob Vorstellungsgespräch, ein Gespräch mit einem Kunden oder dem Chef: Eine gelungene Begrüßung ist immer sehr wichtig.

Welche Regeln sind hierbei zu beachten?

⇨ Eine Begrüßung beginnt mit einem **Händeschütteln**. Kennt man den Namen seines Gegenübers, sagt man zum Beispiel „Guten Tag, Herr Meyer" oder „Schön, Sie kennenzulernen, Frau Aydin". Kennt man den Namen nicht, sagt man nur „Guten Tag" und stellt sich kurz vor. Meist stellt die andere Person sich dann auch vor und nennt dabei ihren Namen.

⇨ Hat man etwas nicht verstanden, kann man ruhig direkt nachfragen. Zum Beispiel: „Entschuldigen Sie bitte, ich habe Ihren Namen nicht richtig verstanden." Es ist wichtig, so früh wie möglich nachzufragen.

⇨ Bei der Begrüßung schaut man seinem Gegenüber in die Augen und lächelt freundlich.

⇨ Mit der rechten Hand begrüßt man seinen Gesprächspartner, die andere Hand sollte dabei nicht in der Hosentasche sein. Es ist unhöflich, jemanden zu begrüßen, während man mit seinem Handy telefoniert. Bevor man jemanden begrüßt, sollte der Anruf beendet und das Telefon weggesteckt werden.

⇨ Bei einem Vorstellungsgespräch ist es sehr wichtig, dass man zu Beginn alle Personen begrüßt, die im Raum sind. Man gibt allen Anwesenden die Hand und sagt „Guten Tag" oder „Vielen Dank für die Einladung". **Führungspersonen** werden dabei zuerst begrüßt. In einer Besprechung genügt es meist, wenn man alle Anwesenden kurz beim Eintreten begrüßt, etwa mit „Guten Tag zusammen".

⇨ Sind bei einer Besprechung Kunden oder Geschäftspartner anwesend, grüßt man diese zuerst und stellt sich kurz vor. Man nennt seinen Namen und die Abteilung, in der man für das Unternehmen arbeitet.

⇨ Kennt man sein Gegenüber bereits, fällt die Begrüßung etwas lockerer aus. Dann genügt meist ein „Hallo" oder „Guten Tag" und das Händeschütteln fällt weg.

Privates am Arbeitsplatz

Während der Arbeitszeit ist es nicht erlaubt, private Dinge zu erledigen. Dazu zählen auch private Telefonate und E-Mails oder Kurznachrichten. Wenn man dringende Anrufe tätigen muss, sollte man vorher seinen Vorgesetzten fragen. Dies sollte aber nur in Ausnahmefällen vorkommen. Telefoniert man zu oft und zu lange oder ist häufig abgelenkt, bekommt man Probleme.

Die private Nutzung des Internets ist ebenfalls nicht erlaubt. Viele Firmen gestatten ihren Mitarbeitern die Nutzung des Firmeninternets in der Mittagspause. Das sollte aber vorher mit dem Arbeitgeber abgesprochen werden.

das Händeschütteln	Teil der Begrüßung; man gibt sich gegenseitig die rechte Hand und schüttelt sie leicht	shaking hands	المصافحة بالأيدي
die Führungsperson	der Chef/die Chefin	manager	المرشد

23 Den Arbeits-Knigge verstehen

Der richtige Umgangston am Arbeitsplatz

1. **Beschreiben Sie den Ablauf einer gelungenen Begrüßung. Schreiben Sie auf, was Sie während der Begrüßung und der Vorstellung Ihrer Person sagen.**

_____

_____

_____

_____

_____

_____

_____

_____

_____

2. **Richtig oder falsch? Kreuzen Sie an.**

R   F

◯ ◯   Bei einer Begrüßung schaut man seinem Gegenüber in die Augen.

◯ ◯   Man begrüßt zuerst den Chef und dann die anderen Mitarbeiter.

◯ ◯   Es ist in Ordnung, während einer Begrüßung mit seinem Smartphone zu telefonieren oder Nachrichten zu verschicken.

◯ ◯   Hat man etwas nicht verstanden, sollte man direkt nachfragen.

◯ ◯   Kennt man sein Gegenüber, kann man auf das Händeschütteln verzichten.

3. **Beschreiben Sie, in welchen Ausnahmefällen es möglich ist, während der Arbeitszeit private Dinge zu erledigen.**

_____

_____

_____

_____

24 Kontakt und Terminplanung

Getting in touch and arranging appointments

Kontaktaufnahme

Ich möchte bitte mit Herrn/Frau ... sprechen.	I'd like to speak to Mr/Ms ..., please. أرغب من فضلك في التحدث مع السيدة/السيد ...
Würden Sie Herrn/Frau ... bitte sagen, dass ich angerufen habe?	Would you please tell Mr/Ms ... that I called? هل يمكنك من فضلك أن تقول للسيدة/السيد ... أني اتصلت هاتفياً؟
Ich rufe aufgrund der Stellenausschreibung im Internet/in der Zeitung an.	I am calling in response to the job advertisement on the Internet/in the newspaper. أتصل بخصوص إعلان الوظائف الموجود بالإنترنت/في الجريدة.
Ich habe Interesse an ...	I am interested in ... أنا مهتم بـ ...
Haben Sie Informationsmaterial, das Sie mir zuschicken könnten?	Do you have any information that you could send me? هل لديكم مواد معلوماتية يمكنكم إرسالها لي؟

Verabschieden

Vielen Dank, dass Sie sich die Zeit genommen haben.	Thank you very much for your time. شكراً لكم على وقتكم الثمين.
Ich bin jederzeit erreichbar.	You can contact me at any time. أنا مُتاح في كل وقت.
Ich freue mich, von Ihnen zu hören.	I look forward to hearing from you. يسعدني أن تتواصلوا معي.
Es hat mich sehr gefreut, Sie kennenzulernen.	It was a pleasure to meet you. إنه من دواعي سعادتي أن أتعرف عليكم.

24 Kontakt und Terminplanung

Getting in touch and arranging appointments

Um etwas bitten und sich entschuldigen

Entschuldigen Sie, wenn ich störe. Ich brauche dringend ...	Sorry to disturb you. I urgently need ... أعتذر إن كنت قد سببت لكم الإزعاج. أحتاج بشدة إلى ...
Ich möchte mich dafür entschuldigen, dass ich den Termin nicht wahrnehmen konnte.	I want to apologise for not being able to keep the appointment. أرغب في الاعتذار عن أني لم أتمكن من الالتزام بالموعد.
Entschuldigen Sie bitte, aber würden Sie das noch einmal wiederholen?	Excuse me, but would you repeat that, please? معذرة، لكن هل يمكنكم تكرار الكلام مرة أخرى؟
Würden Sie mir einen Gefallen tun?	Would you do me a favour, please? هل يمكنك أن تسدي إلي معروفاً؟
Würden Sie mir einmal zeigen, wie das funktioniert, wenn Sie Zeit haben?	Would you mind showing me how this works, if you have the time? هل يمكنك أن تشرح لي مرة أخرى كيف يعمل هذا إن كان لديك وقت؟
Könnten Sie den Namen buchstabieren?	Could you spell the name, please? هل يمكنك أن تخبرني بحروف هذا الاسم؟
Ich bin heute krank und kann daher nicht zur Arbeit kommen.	I am ill today and so cannot come to work. أنا مريض اليوم وبالتالي لا يمكنني المجيء إلى العمل.

Termine absprechen

Hiermit bestätige ich den Termin.	I hereby confirm the appointment. أؤكد على الموعد.
Leider kann ich den vereinbarten Termin am ... nicht wahrnehmen.	Unfortunately, I am unable to keep the appointment on .... للأسف لا يمكنني الالتزام بالموعد المقرر في يوم ...
Ist es möglich, einen neuen gemeinsamen Termin zu finden?	Is it possible to make another appointment? هل يمكن الاتفاق على موعد جديد مشترك؟
Wann passt es Ihnen?	When would be good for you? ما الذي يناسبك؟
Ich möchte einen Termin mit Ihnen vereinbaren.	I would like to make an appointment with you. أرغب في الاتفاق معكم على موعد.

25 Bewerbung

Applying for a position – Candidature

Sich vor der Bewerbung informieren

Sind freie Stellen in Ihrer Firma vorhanden?	Are there any vacancies in your company? هل توجد وظائف شاغرة في شركتكم؟
Welches Personal suchen Sie zurzeit?	Which positions are you currently looking to fill? من هم الموظفون الذين تبحثون عنهم في الوقت الحالي؟
Bis wann muss Ihnen die Bewerbung vorliegen?	By when do you need to receive the application? ما هو آخر موعد التقدم للوظيفة؟
Sind besondere Arbeitszeugnisse von Bedeutung?	Are any special job references important? هل هناك أهمية لشهادات خبرة معينة؟
Könnten Sie mir gegebenenfalls mehr Details über die Stelle sagen?	Could you please tell me more about the position? هل يمكنكم إخباري بالمزيد من التفاصيل عن الوظيفة؟
Gibt es die Möglichkeit, bei Ihnen in Teilzeit zu arbeiten?	Is it possible to work for you part-time? هل يمكنني العمل لديكم بدوام جزئي؟
Ich möchte gerne einen Termin für ein Vorstellungsgespräch vereinbaren.	I would like to make an appointment for an interview. أرغب في الاتفاق على موعد مقابلة.
Ist ein Studium Voraussetzung für die Stelle?	Is a university education a prerequisite for the job? هل الدراسة بالجامعة شرط للتقدم للوظيفة؟

Sich bewerben

Mit großem Interesse habe ich Ihre Anzeige in ... gelesen. Hiermit bewerbe ich mich um die Stelle als ...	I read your advertisement in ... with great interest. I would hereby like to apply for the position of ... بكل اهتمام قرأت إعلانكم في ... أرغب هنا في التقدم لوظيفة ...
Im Anhang finden Sie meine Bewerbungsunterlagen.	You will find my application documents attached. تجدون في الملفات المرفقة مستندات التقدم الخاصة بي.
Ich habe bereits bei ... als ... gearbeitet. Daher bringe ich bereits Erfahrungen in ... mit.	I have already worked for ... as .... I therefore already have experience in ... عملت من قبل لدى ... في وظيفة ... لهذا فإن لدي خبرة سابقة في مجال ...
Ich spreche die Sprachen ...	I speak the languages ... أتحدث اللغات التالية ...
Ich bin technisch begabt.	I am technically gifted. أنا موهوب في المجال التقني.
Ich kann gut mit ... umgehen.	I can handle ... well أستطيع التعامل جيداً مع ...

25 Bewerbung

Applying for a position – Candidature

Das Vorstellungsgespräch: Fragen, die Sie stellen können.

Wie lange habe ich Probezeit?	How long is the probationary period? كم تبلغ المدة التجريبية لي؟
Wie sieht ein Arbeitstag bei Ihnen in der Firma aus?	What is a typical working day like at your company? ما هو شكل يوم العمل لديكم في الشركة؟
Wie viele Mitarbeiter arbeiten in dieser Abteilung?	How many employees work in this department? كم عدد الموظفين في هذا القسم؟
Wann kann ich mit einer Rückmeldung zum Gespräch rechnen?	When can I expect feedback on the interview? متى يمكنني توقع الحصول على رد منكم؟
Wird es noch eine zweite Vorstellungsrunde geben?	Will there be a second round of interviews? هل هناك جولة ثانية من التعارف؟
Wie hoch ist das Gehalt/der Lohn?	What is the salary? كم يبلغ الراتب/الأجر؟
Wie sehen die Arbeitszeiten aus?	What are the working hours? ما هي أوقات العمل؟

25 Bewerbung

Applying for a position – Candidature

Fragen, die der Arbeitgeber stellen kann.

Aus welchem Land/welcher Stadt kommen Sie?	Which country/city do you come from? من أي الدول/المدن أنت؟
Haben Sie früher schon einmal gearbeitet? Wo?	Have you worked before? Where? هل كنت تعمل في الماضي؟ أين؟
Bitte beschreiben Sie sich selbst. Bitte nennen Sie ihre Stärken.	Please describe yourself. Please state your strengths. نرجو أن تصف نفسك. نرجو ذكر نقاط القوة لديك.
Was sind Ihre Schwächen?	What are your weaknesses? ما هي نقاط الضعف لديك؟
Wo sehen Sie sich beruflich in fünf Jahren? Was sind Ihre Ziele?	Where do you see yourself professionally in five years? What are your goals? أين ترى نفسك مهنياً بعد خمس سنوات؟ ما هي أهدافك؟
Warum sollten wir Sie einstellen? Welche Fähigkeiten bringen Sie mit?	Why should we hire you? What skills do you have? لماذا ينبغي علينا توظيفك لدينا؟ ما هي قدراتك؟
Wie haben Sie von unserem Unternehmen erfahren?	How did you hear about our company? كيف عرفت بشركتنا؟
Welche Vorstellung vom Gehalt haben Sie?	What are your salary expectations? ما هي تصوراتك عن الراتب الشهري؟
Haben Sie eine Arbeitserlaubnis?	Do you have a work permit? هل لديك تصريح عمل؟

26 Ausbildung

Traineeships/apprenticeships – Formation

Sich über die Ausbildung informieren

Was muss ich für die Ausbildung mitbringen?	What do I have to bring with me for the training? ما هي الشروط اللازمة للتدريب المهني؟
Wie gestaltet sich der Aufbau der Ausbildung?	How is the training structured? كيف يبدو شكل التدريب المهني؟
Muss ich mich direkt bei der Firma bewerben? Postalisch oder online?	Do I have to apply directly to the company? By post or online? هل يجب عليّ التقدم مباشرة لدى الشركة؟ بالبريد أو أونلاين؟
Kann ich die Berufsschule selbst wählen oder ist das festgeschrieben?	Can I choose the vocational school myself or has this already been chosen? هل يمكنني اختيار المدرسة المهنية بنفسي أم أن هذا مُحدد بشكل ثابت؟
Handelt es sich um eine duale oder eine schulische Ausbildung?	Is it dual or a school-based training? هل هو تدريب مهني مزدوج أم مدرسي؟
Wie viele Jahre dauert die Ausbildung?	How many years does the training take? كم عدد سنوات التدريب المهني؟
Findet der Berufsschulunterricht wöchentlich oder in Blocks statt?	Does the vocational school teaching take place weekly or in blocks? هل تُعقد دورس المدرسة المهنية أسبوعيا أم في شكل حصص مُكثفة؟
Ist es möglich, sich Teile einer vorherigen Ausbildung anrechnen zu lassen?	Is it possible to earn credits for parts of a previous training course? هل يمكن احتساب أجزاء التدريب المهني الذي قمت به في السابق؟
Ist mein Abschluss in Deutschland anerkannt?	Is my degree recognised in Germany? هل مؤهلي مُعترف به في ألمانيا؟
In meiner Heimat habe ich als ... gearbeitet. Gibt es diesen Beruf als Ausbildungsberuf in Deutschland?	In my home country, I worked as a/an ... Does this profession exist as a training occupation in Germany? كنت أعمل في وظيفة ... في وطني. هل هذه الوظيفة متوفرة كوظيفة تدريب مهني في ألمانيا؟

26 Ausbildung

Traineeships/apprenticeships – Formation

Ausbildungsberufsfelder in Deutschland (mit Beispiel)

Tourismus (z. B. Reiseleiter)	Tourism (e.g. tour guide) السياحة (مثل المرشد السياحي)
Gastronomie (z. B. Fachwirt)	Catering trade (e.g. business administrator) الفندقة (مثل مُضيف متخصص)
Sprache (z. B. Dolmetscher)	Language (e.g. interpreter) اللغات (مثل المترجم الشفهي)
Kultur (z. B. Künstler)	Culture (e.g. artist) الثقافة (مثل الفنان)
Gesundheit (z. B. Krankenschwester)	Health (e.g. nurse) الصحة (مثل الممرضة)
Soziales (z. B. Erzieher)	Social affairs (e.g. educator) الشؤون الاجتماعية (مثل المُربي)
kaufmännische Dienstleistung (z. B. Kaufmann im Einzelhandel)	Commercial service (e.g. retail merchant) الخدمات التجارية (مثل التاجر في قطاع التجزئة)
gewerblich-technische Dienstleistungen (z. B. Friseur)	Commercial and technical services (e.g. hairdresser) الخدمات التقنية التجارية (مثل الحلّاق)
Hotel (z. B. Hotelfachfrau)	Hotel (e.g. hotel manager) الفنادق (مثل أخصائية فنادق)
Sport (z. B. Tennislehrer)	Sports (e.g. tennis instructor) الرياضة (مثل معلم التنس)
IT (z. B. IT-Systemelektroniker)	IT (e.g. IT system electronics technician) تكنولوجيا المعلومات (مثل فني إلكترونيات نظام تكنولوجيا المعلومات)
Bauwesen (z. B. Bauzeichner, Straßenbau)	Building services (e.g. heating and sanitation) قطاع البناء (مثل مصمم مباني، تشييد الطرق)
Gebäudetechnik (z. B. Heizung- und Sanitär)	Agriculture and forestry (e.g. forest ranger) تكنولوجيا المباني (مثل فني التدفئة والصرف بالمباني)
Land- und Forstwirtschaft (z. B. Förster)	Banks (e.g. banker) إدارة الأراضي والغابات (مثل حارس غابات)

26 Ausbildung

Traineeships/apprenticeships – Formation

Ausbildungsberufsfelder in Deutschland (mit Beispiel)

Banken (z. B. Bankkauffrau)	Laboratory (e.g. laboratory assistant) البنوك (مثل موظفة بالبنك)
Labor (z. B. Laborassistent)	Logistics (e.g. warehouseman) المختبرات (مساعد في مُختبر)
Logistik (z. B. Lagerist)	Logistics (e.g. warehouseman) القطاع اللوجستي (مثل أمين مستودع)
Verwaltung (z. B. Bürokaufmann)	Administration (e.g. office administrator) الإدارة (مثل موظف كتابي)
Rohstoffgewinnung (z. B. Bergbau-technologe)	Raw material extraction (e.g. mining technologist) استخراج المواد الخام (مثل أخصائي تكنولوجيا التعدين)
Verkehr (z. B. Bahnfahrer)	Transport (e.g. train driver) المواصلات (مثل سائق قطار)
Versorgungstechnik (z. B. Reini-gungskraft)	Supply engineering (e.g. cleaner) تكنولوجيا الإمداد (مثل عامل نظافة)
Schutz (z. B. Polizist)	Protection (e.g. police officer) الدفاع (مثل الشرطية)
Maschinenbau (z. B. KFZ-Mechatro-niker)	Mechanical engineering (e.g. automotive mechatronics technician) صناعة الماكينات (مثل ميكانيكي سيارات)

Make a good first Impression!

27 Beruf
Occupation – Profession

Fragen zum Unternehmen und zu beruflichen Tätigkeiten

Was sind Sie von Beruf?	What do you do for a living? ما هي وظيفتك؟
In welcher Firma arbeiten Sie/haben Sie bisher gearbeitet?	For which company do you work/have you worked so far? ما هي الشركة التي تعمل بها/ كنت تعمل بها حتى الآن؟
Welche Position haben Sie in Ihrem Unternehmen?	What is your position in your company? ما هي وظيفتك في شركتك؟
Wie ist es dazu gekommen?	How did that happen? كيف وصل الأمر لهذا؟

Selbstpräsentation

Ich habe einen Abschluss in ... Ich habe einen Bachelor/Master in ...	I have a qualification in ... I have a Bachelor/Master in ... حصلت على مؤهل في ... حصلت على ليسانس/ماجستير في ...
Ich habe eine Ausbildung als ... abgeschlossen.	I finished a traineeship/an apprenticeship as a ... قمت بتدريب مهني ك ...
Ich habe ein Praktikum bei ... absolviert.	I completed an internship at ... أنهيت تدريباً عملياً لدى ...
Dabei gehörte zu meinen Aufgaben ...	My tasks there included ... وكان من بين واجباتي ...
Ich habe für die Firma ... gearbeitet.	I worked for the company ... عملت في شركة ...
Sie erreichen mich unter der Telefonnummer ...	You can reach me on the telephone number ... يمكنكم الوصول إلي عبر الهاتف رقم ...
In ... war ich ... von Beruf.	In ... I was a/an ... by trade. في .... كنت أعمل في وظيفة ...
Meine Arbeit ist schwer, einfach, angenehm, langweilig, interessant ...	My work is difficult, easy, pleasant, boring, interesting ... عملي صعب، بسيط، مريح، ممل، مثير، ...
Mein monatliches Gehalt beträgt ...	My monthly wage is ... يبلغ راتبي الشهري ...
Ich würde gerne eine Umschulung machen.	I would like to retrain. أرغب في تغيير مجال الاختصاص.
Ich arbeite in Schichten/Vollzeit/Teilzeit.	I work shifts/full time/part time. أعمل بنظام الورديات/بدوام كامل/بدوام جزئي.

27 Beruf

Occupation – Profession

Vertrag

Ich möchte gerne über die Vertragsbedingungen sprechen.	I would like to talk about the terms of the contract. أرغب في الحديث عن شروط العقد.
Ist es möglich, Vergünstigungen bei dieser Tätigkeit zu erhalten?	Is it possible to get benefits for this job? هل يمكن الحصول على امتيازات في هذا العمل؟
Wie lange geht die Probezeit?	How long is the probationary period? كم تبلغ الفترة التجريبية؟
Wie viele Urlaubstage bekomme ich im Jahr?	How many days of annual leave do I get per year? كم عدد أيام العُطلات الذي أحصل عليه سنوياً؟
Wie viele Tage kann ich Bildungsurlaub beantragen?	How many days of training leave can I apply for? كم عدد الأيام التي يمكن أن أطلبها كأجازة تعليمية؟
Wie steht das Unternehmen zu Fortbildungen von Mitarbeitern? Gibt es Fördermöglichkeiten?	What is the company's attitude towards employee further training? Are there any funding opportunities? ما هو موقف الشركة من مواصلة تأهيل العاملين لديها؟ هل هناك فرص للدعم؟
Wie sehen die Kündigungsfristen aus?	What are the periods of notice? ما هي مُهلات فسخ العقد؟
Meine Gehaltsvorstellung liegt bei ...	My desired salary is ... تصوري عن الراتب يبلغ ...

28 Behördengänge und allgemeine Information

Dealing with the authorities and general information

Ich habe ein Anliegen zum Thema .... Können Sie mir sagen, an welches Amt ich mich wenden muss?	I have a request relating to .... Can you tell me which office I need to contact? لدي مطلب بشأن الموضوع .... هل يمكنك أن تخبرني بالجهة التي يجب علي التوجه إليها؟
Welche Unterlagen brauche ich?	What documents do I need? ما هي المستندات التي أحتاج إليها؟
In welchem Tätigkeitsfeld gibt es momentan viele freie Stellen?	In which field of activity are there currently many vacancies? ما هو المجال الذي توجد به حالياً وظائف شاغرة؟
Ich möchte mich über berufliche Tätigkeitsfelder informieren.	I would like to find out about professional fields of activity. أرغب في الاستعلام عن مجالات العمل المهنية.
Ich komme zur Beantragung einer Arbeitserlaubnis.	I have come to apply for a work permit. أنا قادم من أجل التقدم بطلب للحصول على تصريح عمل.
Ich möchte meinen Abschluss anerkennen lassen.	I would like to have my qualification recognised. أرغب في معادلة المؤهل الخاص بي.
Ich würde gerne einen Deutschkurs besuchen.	I would like to attend a German course. أرغب في الالتحاق بدورة تعلم اللغة الألمانية.
Ich bin auf der Suche nach einer Schule für meine Kinder. Meine Kinder sind ... Jahre alt.	I am looking for a school for my children. My children are ... years old. أنا أبحث عن مدرسة لأطفالي. يبلغ أطفالي من العمر ... عاماً.
Ich möchte Sozialhilfe für mich und meine Familie beantragen.	I would like to apply for social benefits for myself and my family. أرغب في التقدم للحصول على معونات إجتماعية لي ولأسرتي.

29 Hilfe suchen

Getting help

Ich brauche Hilfe bei ...	I need help with ... ... أحتاج إلى المساعدة في
Bitte helfen Sie mir beim Ausfüllen der Formulare.	Please help me to fill in the forms. أرجو منكم مساعدتي في تعبئة بيانات الاستمارات.
Gibt es eine Übersetzung von ...?	Is there a translation of ...? هل توجد ترجمة لـ ....؟
Gibt es ein Musterformular?	Is there a sample form? هل هناك نماذج استمارات؟
Ich verstehe das Formular nicht.	I don't understand the form. لا أفهم الاستمارة.
Wer könnte mir dabei helfen?	Who could help me? من الذي يمكنه مساعدتي في هذا؟
Gibt es jemanden, der meine Sprache spricht und mir helfen könnte?	Is there anyone who speaks my language and could help me? هل يوجد أحد يتحدث لغتي ربما يُساعدني؟

Bildquellenverzeichnis

Bundesagentur für Arbeit (BA), Nünberg: S. 26_3, 34_1, 44_2

Picture-alliance GmbH, Frankfurt: S. 54_2 (dpa-infografik)

Shutterstock.com: S. 79_1 (pathdoc)

stock.adobe.com,Dublin: S. 8_1 (Kurhan), 8_2 (VRD), 10_1 (Kzenon), 12_1 (alexandrepicture), 12_2 (Konstantin Yuganov), 14_1 (arrowsmith2), 16_1 (Alexander Raths), 16_2 (Frank Gärtner), 16_4 (contrastwerkstatt), 18_1 (magele-picture), 20_1 (nyul), 20_2 (OttoDurst), 22_1 (Industrieblick), 22_2 (baranq), 22_3 (elnariz), 24_1 (Rainer), 24_2 (goodluz), 24_3 (goodluz), 24_4 (georgerudy), 26_1 (Kadmy), 26_2 (a_medvedkov), 28_1 (s-motive), 28_2 (cl-stock), 32_1 (kamasigns), 32_2 (Robert Kneschke), 32_3 (Bits and Splits), 34_2 (boonchok), 36_1 (bluedesign), 36_2 (ALDECAstudio), 38_1 (Claudio Divizia), 40_1 (kwarner), 40_2 (nmann77), 40_3 (magele-picture), 42_1 (leszekglasner), 44_1 (Gina Sanders), 46_1 (strichfiguren.de), 46_2 (Feodora), 48_1 (DOC RABE Media), 48_2 (strichfiguren. de), 50_1 (chokniti), 54_1 (Kesinee), 58_1 (Jacob Lund), 62_1 (carlosseller), 62_2 (Kzenon), 62_3 (Feodora), 71_1 (Kzenon), 72_2 (Antonioguillem), 75_1 (Magele-Picture)

XING SE, Hamburg: S. 30_1

Wir arbeiten sehr sorgfaltig daran, für den Abdruck aller Bilder die Rechteinhaberinnen und Rechteinhaber zu ermitteln. Sollte uns dies im Einzelfall nicht vollständig gelungen sein, werden berechtigte Anspruche selbstverständlich im Rahmen der üblichen Vereinbarungen abgegolten.